バウムテストの読み方

象徴から記号へ

阿部惠一郎
Keiichiro Abe

The Method of Baumtest

金剛出版

誕生から死まで，木は人間に寄り添う

この道に沿って

生命の誕生の瞬間から

人間を受け止めてくれる木でできた揺りかご

棺も木で作られる

人間に寄り添い

あの世でも(注)

注）この詩はカスティーラの著作（1994；訳1999）に書かれている。誰が書いた詩かはわからないが，バウムテストを通して患者さんに寄り添う者を惹きつける。

はじめに

　バウムテストを使うようになったのは 25 年ほど前からである。その当時，非行少年を収容する施設に勤務し，少年たちとの面接を行っていた。しかし言語表現の稚拙な彼らとの会話は，表面的であったりあるいは舌っ足らずな遣り取りで終わることが多かった。施設入所時に心理検査を行い，テストバッテリーとしてバウムテストや P-F スタディなどを組み入れていたが，バウムテストはコッホの著作（1952；訳 1970）を参考に，悪戦苦闘しながら読んでいったものの，正直なところ自信を持って所見を述べることができなかった。そんなある日，虐待を受けてきた児童が奇妙な黒々とした幹のねじ曲がった木を描いてくれた。友人に見せると明解に解釈してくれ，目から鱗が落ちた。彼は当時まだ翻訳されていなかったボーランダーの著作（1977；訳 1999）を私に見せ，それをあたかも辞書のように使いながら説明してくれたのである。それからバウムテストを読む時にボーランダーの著作は私の辞書になり，いつもこれを見ながら所見を述べるようになっていった。そうした経験から，私にとってバウムテストは投影法の心理テストと言うよりも記号論のようなものである。次に出会ったのは私が翻訳したカスティーラ（1994；訳 2002）の本であった。この『バウムテスト活用マニュアル』はバウムテストのサインを明快さ，あるいは断定的と言えるような表現で読み解いていくのに驚くと同時に，なぜそう言いきれるのか，と不安を抱いた。しかし，この本は好評であった。心理学の教員をしている友人には「みんなバウムテストの良い本に飢えていた」と言われ，この本を出版したことで描画法の研修会に呼ばれることが多くなり，そこで「今まで被検者のプロフィールを参考にしたり，あるいは印象で解釈していることもあったような気がするが，サインをきちんと把握すると，以前よりもだいぶ読めるようになったと思う」と言われるようになった。しかし，どこでも質問されることは同じで，「サインは読みとれるようになったと思う。でも，どのサインが重要なのかわからない。読み方の手順がわからない。どうも報告書がうまく書けない」という声が多かった。その後，簡便なバウムテストの本を翻訳した。そ

れがフェルナンデスの著作『樹木画テストの読みかた』（2005；訳2006）である。彼女の読み方は最近の知見を盛り込んでいるが，サインの読み方の基礎にはストラ（1975；訳2011）があった。そうした状況の中でストラの翻訳が始まり，2011年の暮れに翻訳が完成し出版された（『バウムテスト研究』）。この翻訳に5年の歳月を要している。ストラを翻訳することで，好評だったカスティーラの著作にあるサインの意味は，ほとんどストラが統計的手法で導き出したということが理解できたのである。ストラを翻訳している時に，「バウムテストの読み方」について書かなければならない，という状況であったが，この翻訳が終わるまでは書けないと思っていた。そしてストラの翻訳が終わると，それまで構想していた読み方の方法では不十分であることに気づいたのだった。それはバウムテストを読むための作業仮説がどのようなものであるかを理解しなければならない，ということである。その上で読み方の手順を明示しなければ納得のいく本は書けない。さらに実施方法は3枚法がよいと思うようになった。かつてカスティーラの翻訳を出版した折に，「これまでのバウムテストがレントゲン写真だとすれば，3枚法はCT，あるいはMRIだ」と友人に言われた。この本では3枚法の実施を前提として，読み方を説明する。もちろん，3枚法と言えども基本は1枚ずつ丁寧に解釈していく。

　バウムテストの読み方について，本書でも，解釈仮説にストラやカスティーラの影響を受けている。描画の空間図式の解釈を明示したのもストラである。それから筆跡学と「木を描くことから人間理解」へと構想したコッホの創見には驚嘆するしかない。本書では，読み方の前提となる実施方法から説明を行い，次いで解釈仮説，読みとる手順を説明する。その際，できるだけ多くの描画を掲載し，理解しやすいように心がけた。また，バウムテストの読み方の手順を説明しながら，筆跡学の仮説にも触れたいと思う。さらにサインを取り出した後にどのように心理査定の報告書を作成するかを検討し，バウムテストを用いたカウンセリング，つまりアートセラピーにどのように利用できるかを考えてみた。

　これまでに日本では数多くのバウムテストに関する研究論文が発表されている。それぞれを比較検討すると参考になる点も多いのだが，困ることも少なくない。まず教示，次に象徴解釈とサインの意味についてである。研究者間で教示が異なると比較研究も困難である。なぜ描画に出てきたサインがそれぞれの意味に解釈できるのか，根拠が示されていない，印象や勝手な象徴解釈なのか。さらにヨーロッパでつくられたものがそのまま日本人

に適応できるのか，といった質問を受けることがある。サインの意味についてはストラが統計的手法で明らかにしてくれたと思う。最近，日本と韓国の子どもたちのバウムテストを比較してみた。そして今フランスと日本の比較研究を考えている。国際比較を行いながら2つ目の質問に答えていきたいと思うのだが，これとて，教示が同じでなければ行うことができない。研究を積み重ねるためにも教示，実施方法ができるだけ統一されるのが望ましいと思う。もちろん，1人の治療者としてバウムテストを用いたり，描画療法的に使うのならばあまり気にしなくていいのかもしれない。しかし心理検査として行い心理所見を書くのであれば，教示や実施方法が同じであるほうがよい。本書がこれからのバウムテスト研究に役立てば幸甚である。

なお3枚法のうち最初の2枚だけを用いる「2枚法」については，その研究をしている佐藤秀行氏に書いてもらい，サイン一覧表は大野陽子氏が作成している。

また本文中，コッホ，ストラ，ボーランダー，カスティーラの文献に関しては以下のものを参照している。

◉コッホ

Koch, K.（1957）Der Baumtest: Der Baumzeichenversuch als psychodiagnostisches Hilfsmittel. 3rd enl. ed. Hans Huber, Bern u. Stuttgart.（岸元寛史・中島ナオミ・宮崎忠男訳（2010）バウムテスト［第3版］―心理的見立ての補助手段としてのバウム画研究．誠信書房．）

◉ストラ

Stora, R.（1975）Le test du dessin d'arbre. jean-pierre delarge, Paris.（阿部惠一郎訳（2011）バウムテスト研究―いかにして統計的解釈にいたるか．みすず書房．）

◉ボーランダー

Bolander, K.（1977）Assessing Personality through Tree Drawings. Basic Books.（高橋依子訳（1999）樹木画によるパーソナリティの理解．ナカニシヤ出版．）

◉カスティーラ

de Castilla, D.（1994）Le test de l'arbre: Relation humaines et problèmes actuels. Masson, Paris.（阿部惠一郎訳（2002）バウムテスト活用マニュアル―精神症状と問題行動の評価．金剛出版．）

目　　次

はじめに 3

第 1 章　バウムテストの実施方法 13
Ⅰ　用　　具 13
1. 用紙 13
2. 筆記用具 13
3. 用具に関する議論 14

Ⅱ　教　　示 14
1. 用紙の置き方 15
2. 描画の指示 18
3. 教示に関する議論 18
4. 複数の木に関する議論 20
5. 実のなる木について 23
6. 筆者の教示 25

Ⅲ　描画後に行うこと 26
1. 記録しておくべきこと 26
2. 描画後のインタビューあるいは PDI（Post Drawing Interrogation）
   について 28

第 2 章　バウムテストの作業仮説 29
Ⅰ　形　　態 32
1. 木に見えるか見えないか 32
2. 子どもっぽい木の問題 34
3. 木の構造 38
4. 特殊な木 48

Ⅱ　象　　徴（木，陰影，風景，付属物など）................................. 49
1. 木 51
2. 陰影 56

		3. 風景	58
		4. 付属物	59
	Ⅲ	描　　線（筆跡学的知見）	59
		1. 筆跡学の歴史	61
		2. 筆跡学のアイテム	63
		3. 描線のサイン	67
	Ⅳ	空間象徴から空間図式へ（理論，木の大きさ，位置，はみ出し）	73
		1. 各研究者の考え方	73
		2. 木の大きさ	82
		3. はみ出し	83
	Ⅴ	特殊サイン	83
		1. 擬人型	84
		2. ウロ	87
		3. 性的表現と性的問題	91

第3章　バウムテストの読み方　97

	Ⅰ	読み方の手順	97
		1. 情報収集	97
		2. まず印象を書き留める	98
	Ⅱ	読み方　フローチャートを参照しながら (pp.190-191)	100
		1. 印象把握から分析へ	100
		2. 多義的・多層的であるということ	101

第4章　3枚法の読み方　103

	Ⅰ	読み方の手順	103
		1. 3枚の印象把握と形態に注目	103
		2. パターン分類から予想されること	104
	Ⅱ	夢の木が意味すること	109
	Ⅲ	統計的に見た夢の木	111

第5章　2枚法の読み方　113

	Ⅰ	連続描画による心理検査	113

Ⅱ 2枚法の実施方法 114
1. 用具 114
2. 教示 115

Ⅲ 読み方の手順 116
1. 1枚目の解釈仮説 116
2. 2枚目の解釈仮説 118
3. 1枚目と2枚目の力動を捉える 119

Ⅳ 2枚法の事例 121
1. 事例の概要 121
2. 2枚法の解釈 122

第6章 心理検査と治療的アプローチ 125

Ⅰ 心理検査としてのバウムテスト 125
1. 心理テストの自立性 125
2. バウムテストからわかること 126
3. バウムテストの所見の書き方 127

Ⅱ 描画療法としてのバウムテスト 128
1. 心理テスト，描画テストの実施と説明 128
2. 芸術療法としてのバウムテスト 129

第7章 サイン一覧 131

Ⅰ 出典 131
Ⅱ 各サインの抽出 132
Ⅲ サインの分類方法 133
Ⅳ 表の読み方 133

参考文献 191
あとがき 195

バウムテストの読み方 ──象徴から記号へ──

第1章

バウムテストの実施方法

　バウムテストの実施方法はさまざまである。実施方法で問題となるのは，用具と教示，さらに描画後のインタビューの有無である。どれも読み方に影響を与える事柄であるため，どのような取り決めにするかを検討する。

I　用　具

1．用紙

　無罫の白いA4あるいはB5の大きさの用紙がよい。罫線のあるものは幹や枝の描線があらかじめ引かれてある罫線の影響を受けてしまうおそれがあるので不適当である。用紙の大きさは被検者の精神的エネルギーを考慮して，検査者がどちらの大きさにするか判断する。10歳未満の子どもや老人の場合には，小さいB5が適しているかもしれない。被検者に対して以前に描画を使用したことがあれば判断の目安になり，描画時の精神状態によって用紙の大きさを選択しなければならないこともある。

2．筆記用具

　濃い鉛筆（HB以上の濃さ），ボールペン，フェルトペン，万年筆など書けるものなら何でもよく特にこだわらない。鉛筆でなければならないということはない。どの筆記用具にも長所があり，これが最良のものと決めることはできない。例えば，描線の動きを見ると，ボールペンやフェルトペンでは筆の動きが一瞬でも止まった場合，用紙に滲みが見られるので運筆の滑らかさや筆圧の強さが検討しやすい。万年筆の描線は線の方向性が読み

とりやすく，垂直方向の描線が描かれている時，上下どちらの方向から線を引いたか判断できる。子どもの場合にはフェルトペンや万年筆では筆圧が強すぎたり，日常使用していないこともあり使い勝手が悪いので鉛筆が無難であろう。2B〜4Bの鉛筆を薦める。

消しゴムは用意しない。何度も同じような描線を引いては消して，消しゴムの滓が山のように机の上に残るか，まったく使わないかのどちらかであることが多い。描いてみてどうしても気に入らなければ，新しい用紙を渡して書き直してもらう。描き損じも大事な資料になることがある。

着色はしないほうがよい。色彩の情報が加わるために解釈が難しくなると思われるからである。もちろん，希望があれば彩色してもかまわないが，描画時にクレヨンや色鉛筆などが被検者の傍に用意されていると彩色したくなるので，目に触れるところに置かないようにする。また，着色は退行を促進する傾向があり，形態が木に見えなくても，絵柄の上部を緑色に下部を茶色に着色するだけで木のように見えてしまうことからも，できるだけ着色は避けたい。

3. 用具に関する議論

バウムテストの研究者たちは以下のような用具を使ったと報告している。

①コッホ：A4サイズ（210mm × 297mm）の画用紙。中程度の柔らかな鉛筆。
②ストラ：一般に売られている規格の白い用紙。2Bの鉛筆。
③ボーランダー：21cm × 28.5cm の便箋の大きさ，被検者が使い慣れた筆記用具でかまない（マジックペン，ボールペン，好みの濃さの鉛筆，万年筆）。
④カスティーラ：便箋の大きさ（13.5cm × 21cm）で無罫の白い紙。インクかボールペン（インクの濃淡が筆跡学的分析に向いている）。
⑤フェルナンデス：A4サイズ（210mm × 297mm）の白い紙（例えばコピー用紙など）。黒のボールペンまたはインク。彩色用の筆記用具を用いてもよい。

II 教　示

用具を机の上にならべ，被検者にどのように説明するか。

まず，検査者と被検者の関係，あるいは描画の目的によって説明の仕方が異なる。被検者の心理査定を行い，報告書を作成することが目的である場合には，単刀直入に「心理検査をします」と言い，描画を促すかもしれない。面接を繰り返している過程で会話が表面的であることが続いたりした時は，面接に変化をつける意味で描画を勧めることもある。アートセラピーを意識したアプローチも考えられる。被検者に描画目的を説明する際には，状況に応じてさまざまな言い方をするが，筆者は概して「性格検査」であることを伝えることが多い。希望があれば，描画後に読みとれた内容を簡単に説明する，と伝えるとおおかたの被検者は説明してほしいと言う。

しかし，読みとったことをすべて被検者に説明することはしない。被検者が傷つくような内容は言うべきではないし，状況に応じて配慮する必要がある。また，うまく読みとれなかった時などは率直に「わからない」と言うこともある。

1. 用紙の置き方

用紙の置き方については，被検者の前に縦長方向に置くことにしている。被検者が横長方向にして描画をしてもかまわない。ストラやカスティーラは必ず縦長方向に使用するように定めているが，用紙の方向性は自由にしたほうがよい。縦長方向に置いた用紙を 90 度回転させ，横長方向に使用した描画には，そのように用いたこと自体に意味がある。ボーランダーは「用紙を横にして描いた木」を描く人の特徴を「利己主義や可塑性の欠如」と指摘している。どのような木を描く場合にも「現在の環境に対する不満」が表現されていると解釈されるように思う。ストラのサインでは［サイン 5. 用紙を横長方向に使用する］があり，臨床上，［描画は縦長方向に描かれていることもあれば，横長方向のこともある］と指摘している。また，統計から描出された心理学的意味は「①利発で知的な，教師の評価が高い生徒。②分別，趣味人，知的好奇心，仕事ではマイペース。③あからさまなあるいは内的な対立。④環境や日常場面での評価や成績に反抗的態度。⑤内面をなかなか見せない。⑥自己統制が強い，過ちを認めない。⑦応用，世話，失敗に対する恐れ。⑧身体を動かすことを好む。機転」である。

ただし，ストラは横方向に用いないように教示しているので，サインの意味にすんなりとは同意できない気がする。④⑤⑥の意味が有力と思われる。図 1 から図 3 は横書きの絵

である（以下，統計から描出された意味は〔統計〕と記し，臨床的観察から判断された意味は〔臨床〕と記す。サインの意味が多義的である場合，①②③と番号をふりわけたが，優先順位を表してはいない）。

横書きの絵① 1枚法

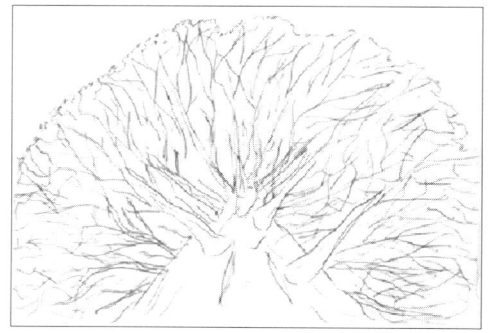

図1　1枚法　男性22歳　描画時間20分
IQ普通域。家庭内暴力，自傷行為。
用紙全体に描かれた大きな木。樹冠の左右，および幹の下方がはみ出している。

図2　1枚法　男性23歳　描画時間60分
IQ普通域。不登校，有機溶剤乱用。
大きな木，樹冠部の両側がはみ出し，樹冠内部は黒々として渦巻きになっている。
描画時間が長く，鉛筆を塗りたくることで衝動を発散している。

横書きの絵②3枚法で3枚とも横書き

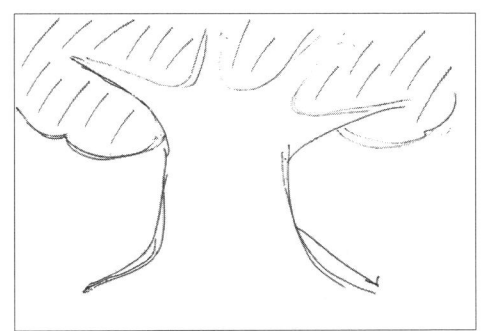

図 3-1 3 枚法 第 1 の木 男性 27 歳 描画時間 2 分
IQ 普通域。将来への不安や結婚について悩んでいる。大きな木、樹冠の上方への大きなはみ出し。

図 3-2 第 2 の木 描画時間 5 分
上方への大きなはみ出し。木が家になっている（House Tree）。樹冠左右の右から左下方への線影は、母親からの期待とプレッシャーを強く感じているサイン。

図 3-3 夢の木 描画時間 4 分
絵柄は左に偏っている（母親や妹への愛着と葛藤）。家とテーブル、左上方に木が描かれている。3 枚法で 3 枚とも横書きの描画では、現実に対する閉塞感や環境に対する不満が表現されることが多い。

2. 描画の指示

「木を描いてください」と言う。被検者はすぐに筆記用具を手に取り描画を始めるかもしれないし，少しの時間どのように描こうか考えることもある。また，「どんな木でもよいのですか」とか「何本でもよいのですか」といった質問が出ることもある。さらには「紙を横にして描いてもよいですか」など，細々と聞いてくることもある。「どんな木でもいいです。描きたいと思う木を描いてください。時間はどのくらいかかってもいいです。横向きでもいいのです。うまいとか下手とか関係ないですからね」と話す。

1枚法ではこれで終わる。2枚法については，第5章の2枚法の読み方を参照されたい。3枚法では1枚目が終了した後に続けて，2枚目の用紙を渡し「同じ木でも他の木でもよい，できるだけ最初の絵と違うのを描いてほしい」と言って描いてもらう。3枚目に「夢の木」を描いてもらう。「夢の木」つまり最も美しいと思う木，あるいはできるものなら庭に植えてみたいと思うような木，最も思い出に残っている木，自分の思うままの想像の木，そうした木を描くように説明する。

3. 教示に関する議論

用具の場合と同じように研究者によってさまざまな教示があり，現在バウムテストを使用している人々でも教示が多様なために統計的な比較が難しい。これまでの教示について検討してみよう。

1) コッホの教示

《Zeichne einen Obstbaum!》（コッホ，2003），「果物の木を描いてください」である。基本的には1枚法であるが，場合によっては2枚目を描かせることもある。「描かれた絵がペダンチックだったり，あまりにも不自然であったり，あるいはもっと別の視点から人格の別な層を検討したいならば，必要に応じて，2回以上描画を実施して，『『もう一度，実のなる木（果樹）を描いてください。さっき描いたのとは違うのを』と言う」，「最初の絵の樹冠内部に枝が描かれていなかったのなら，枝のある実のなる木（果樹）を描いてください」と教示する。

教示の仕方は版によって異なるが，日本では誤訳の多い英語版から翻訳されたものを使っていたので，教示の面で甚だしい誤解を生むことになった。これまで「実のなる1

本の木」という教示が頻用されていた。「実のなる木」は果樹 Obstbaum（ドイツ語），arbre fruitier（英語）の訳語として用いられてきた。コッホが言いたかったのは四季によって葉や花，そして果実が実る木を描いてほしかったと思われる。また樅の木以外の木を描くように指示した版もある。樅の木 Tannenbaum（独）は英語版では pine tree となり，日本語では「松の木」と訳された。この教示はストラも用いていて，「樅の木以外の木」を描くように教示している。コッホは特に断っていないが，ストラによると学校の授業などで木の絵を描く時に樅の木などの針葉樹を頻繁に描かせるため，それを避けるためだったと述べている。また「1本の木」については，コッホの原文にある einen Obstbaum の einen なのかもしれない。これを不定冠詞でなく数詞としたために，わざわざ「1本の」という翻訳になった。英語ならば Draw a fruit tree. と Draw one fruit tree. の違いである。

2) ブーア（1961），コルボツ他（1962）の教示

被検者に3本の木を描いてもらう。1)「木を描いてください」。2)「別な木を描いてください」。3)「今度は森を描いてください」。

解釈仮説：第1の木は，被検者が検査者と向き合う状況を反映している。第2の木は，被検者が自己とどのように向き合っているかを示す。第3の木，つまり森は，用紙を横長方向にして用いるため，自己と他者の関係（他者との絆の有無，関係は親密か疎遠か）が読みとれる。森を描いた後に，被検者に以下の質問が行われる。「もし，あなたが木なら，この中のどれですか？」。

3) ストラの教示

連続して4本の木を描くように指示している。1)「樅の木以外の木を描いてください」。2)「もう1枚，樅の木以外の，前に描いたのとは違う木を描いてください」。3)「夢の木，想像の木，現実には存在しない木を描いてください」。4)「目を閉じて木を描いてください」。

解釈仮説：第1の木は，被検者が不慣れな状況下で，準備もせずに課題を与えられた際の振る舞いを示している。第2の木は，慣れた状況で熟知した課題をこなすという意味で，心理学的に異なる文脈で作業を行っている。第3の木は，より深層の領域，つまり欲望や願望を表現しうる。第4の木は，過去の経験や現実の心理的状況に関係する事

柄を理解する方法である。

4) ボーランダーの教示

Our request is exceeding simple, usually worded: "Would you please draw a tree for me," with some variants, depending on the circumstances.「われわれの教示は非常に単純であり，通常『木を1本描いて下さい』というだけであり，状況によってこれを多少言いかえている」。コッホの教示の際に述べたように，Draw a fruit tree. と Draw one fruit tree. の違いと同じである。draw a tree なので「1本」は削除した方がよい。

5) カスティーラの教示

3枚連続して描画する。1)「木を描いてください」。2)「もう1枚，木を描いてください。前と同じような木でもいいです。違う木でもいいです」。3)「最後にもう1枚，木を描いてください。夢の木です」「想像上の，あるいは空想的な，あるいは思い出に残っている，家の庭に植えてみたい，そんな木を描いてください」。

解釈仮説：第1の木は周囲や社会に見せている自己像を，第2の木は内面的な自己像を，第3の木は願望，欲望を表現している。

6) 津田（1992）の教示

これまでに教示に関してさまざまな議論が行われており，津田はこれを詳細に論じ，その結果，「1本の実のなる木をできるだけ十分に描いてください」という教示を採用している。

4. 複数の木に関する議論

教示の中に「1本の木を描いてください」あるいは「木を描いてください」のどちらにすればよいか，しばしば問題になることがある。英語では Draw a fruit tree. と Draw one fruit tree. のように数詞と不定冠詞が別々なのでわかりやすいが，コッホやストラが用いたドイツ語やフランス語ではその区別がない。そのため「1本の」という言い方を入れるべきか悩むところである。日英のバイリンガルである友人に尋ねたところ，Draw a fruit tree. は「木を描いてください」，Draw one fruit tree. は「1本の木を描いてください」になるかもしれないと教えてくれた。コッホ，ストラ，ボーランダー，カスティーラの教示は，日本人の感覚では，ただ「木を，あるいは果樹（コッホの場合）を描いてくだ

さい」がいいように思う。韓国の小学生にバウムテストを実施した時に，ハングルも日本語と同様にヨーロッパの言語のような数詞や不定冠詞がないので日本の小学生と同じように描画では１本の木を描くことが多かった。

「木を描いてください」と言うと，何本も描いてよいかという質問が出ることがある。ボーランダーは more than one tree として，More than one tree drawn on the page nearly always has some problematic reference, with varying degrees of seriousness.「用紙に２本以上の木を描くのは，程度の差はあるが，ほとんど常に問題を有している」と述べている。一方ストラでは，［サイン1. 複数の木］：〔臨床〕①外的な指示によらない，内発的な行動欲求。〔統計〕②困難な状況を前にすると簡単に諦めて努力しない。③学業を続けられず，芳しくない結果に終わる。④ファンタジーや夢の世界に囚われ，教示にしたがえない。［サイン2. 2本の木］：〔臨床〕用紙上の２本の木の位置を十分検討する必要がある，という意味を抽出している。

複数の木が出現した時には，周囲に埋没したり，自尊感情が低く，対人関係では周囲に無理して同調する傾向が強い（図4・5），と筆者は解釈している。かつて摂食障害の女性を対象にバウムテストを実施した際，数多くの「複数の木」が見られたのだった。

複数の木の絵①第2の木が2本の木

**図 4-1　3 枚法　第 1 の木
女性 28 歳　描画時間 2 分**
解離性障害。IQ 境界域。
樹冠内部がシンメトリーの構造。
樹冠と幹が対比された絵柄。

**図 4-2　第 2 の木
描画時間 2 分**
「複数の木」。第 1 の木と同じ木が 2 本出現している。

図 4-3　夢の木　描画時間 2 分
樹冠の下，左右に人間が 2 人ずつ立っている。4 人家族。大きな木の下で，保護されたいと願っているのかもしれない。

複数の木の絵② 3本以上の木

図 5-1　3枚法　第1の木
女児9歳　描画時間4分
IQ 普通域。被虐待児童（ネグレクト）。
木が5本描かれている。5人家族，右端の木は大きく，幹の中央にカブトムシが2匹，これはウロである。

図 5-2　第2の木　描画時間4分
2本の木が横棒で繋がっている。

図 5-3　夢の木　描画時間4分
右端は「滑り台」と話しているが，木にも見える。3枚とも「複数の木」「横書き絵」であるが，実際には少ないように思う。「複数の木」は擬人型で人に見える場合が多い（擬人型を参照）。

5. 実のなる木について

　今となっては，コッホもストラもそしてボーランダーも「実のなる木」などと教示していないことが理解されているように思う。ところが日本ではかつて「実のなる木」の教示が頻用されていた。「実のなる木」を描けと言われて，描画に実が出現していて，それが解釈されるのは不思議な気もする。コッホは「実」について，「実は何を意味するだろうか。実は最初にあるものではない。その前に花があり，それが受粉して初めて実の成熟が可能となり，それには数ヵ月を要する。……子どもは驚くほど頻繁に実を描く……実を描く人はたいてい待つことが出来ないので，長続きしない」とユングやピタゴラス，さらには聖書の一節を引用しながら説明している。ボーランダーの果実に関する解釈は，in a large sense, the presence of fruit may be related to "creative progeny," or sense of achievement.「果実の出現は広い意味で『創造の結果』や達成感に関連している」である。コッホの解釈とは著しく異なることに驚く。さらに Falling or fallen fruit is often drawn by women when they realize that their children no longer need maternal care. If the fruit lying on the ground is rotten, the reference is sometimes to a miscarriage. Falling fruits may also symbolize an achievement which has lost its meaning.「落ちたり落ちてしまった果実は，子供がもはや母親の世話を必要としなくなったと思う時，しばしば女性が描く絵である。地面に落ちて腐った果実は，時に流産を示したりする。落ちた果実はまた意味を失った業績を象徴する」とある。

　ストラは「果実あるいは実」という表現をしない。樹冠部に描かれたマルは一般的に「果実」や「実」として扱われるが，描画後の質問をしないため，「果実」であるかどうかがわからないので「マル」と表現している。ストラが統計的に抽出した「樹冠のマル」の意味は，［サイン37. 樹冠に多くのマルが描かれている］：〔統計〕①愛情欲求が強い。②感情面で影響されやすい。③口唇期的欲求。④口唇や皮膚感覚の欲求が強い（喫煙，満足感，ほてり，睡眠，キス）。⑤プロの歌手。⑥食べ物や飲み物に対する強い関心（大食漢，飲み物はアルコールだけでなくミルクも含まれる）。⑦ゲームが好きで子どもっぽい態度。子どもの遊びが好き，例えばおもちゃ，ゲーム，人形芝居，ピエロ，子どものお祭り，プレゼント，おとぎ話。⑧例外的だが，競馬や賭け事などのような大人の遊びに関心が強い場合もある。［サイン38. 樹冠のマルが落下している］：〔臨床〕現実的な状況に対して失望

し，それを引きずる，とある。

　果実については，ストラのサイン37の①②③の意味が描画を解釈する上でよくあてはまる，と感じることが多い。それに「実」は「目的や現実的な欲望を表現している」と思うことがある。将来をうまく描けない，これからどうなるのだろうと将来に不安を抱く被虐待児童に「多種類の果実」が表現されることが多い（図6・7）。

実のなっている木の絵①夢の木の樹冠内部に複数の実がなっている

図6-1　3枚法　第1の木
女性52歳　描画時間2分
IQ 普通域。摂食障害。
3枚とも大きな木。樹冠部に深く入り込んだ幹。

図6-2　第2の木
描画時間2分
S状の幹（p.47参照）で衝動性の強さを示している。幹は三角錐の形で「保護されたい欲求」が強い。

図6-3　夢の木　描画時間6分
樹冠内部に多種類の実が描かれている。夢の木で多数の実がなっている木が出現することがしばしば見られる。1種類の実が多数の場合は，欲望，願望が強い，あるいは口唇期的で甘えん坊のサイン。この絵のように多種類の実がなっている場合は，自分の将来や進むべき道がわからないことを表現している。

実のなっている木の絵②枝に実がなっている

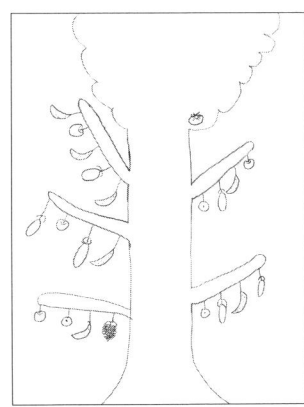

図7　1枚法　男子16歳
軽度知的障害。父親からの激しい暴力的な虐待を受ける。さまざまな果実は「将来の目的が持てずにいる」ことを表している。シンメトリカルな枝（攻撃性，衝動性），上方へのはみ出し（劣等感，苦悩），幹や樹冠内部の空白（あからさまにしない攻撃性）。

6. 筆者の教示

現在筆者が行っている教示を示す。基本的にはカスティーラの3枚法に類似しているが，1カ所だけ異なる。それは用紙の方向にこだわらないことである。さらに解釈仮説についてはこれまで3枚法を実施してきて，必ずしもカスティーラの解釈仮説に合わない描画を経験することが多かったので，彼女の仮説は部分的にしか採用しない。詳しくは第4章で述べることにする。

教　示：

1) 木を描いてください。（うまく読み取れないと困るので，あまり急いで描かないでください。これは試験ではないですから，うまい下手は関係ありません）書き終えたら，裏側にNo.1と番号をふって，氏名と日付を書いてください。
2) もう1枚，同じ木でも他の木でもよいですから描いてください。
3) 夢の木を描いてください。（美しいと思う木，あるいは庭に植えてみたいと思うような木，思い出に残っている木，想像の木，あるいは空想的な木，そうした木を描いてください。）

＊用紙は一応縦長方向に置く。

＊教示について質問が出た場合
　用紙の用い方：縦長方向でも横長方向でもかまわない。
　木の本数：1本か複数かの質問に，「どちらでもよい」と答える。

Ⅲ　描画後に行うこと

1．記録しておくべきこと
1）描画時間
　描画時間は被検者のテストに対する姿勢を表現している。だいたい5～10分が一般的な長さだと思う。1分もかからずに描画が終わってしまう場合には，疲れているかあるいはテストを受けたくないのかもしれない。時々，あっという間に描き上げて「私はどんな性格なのか」と，しきりに描画の解釈を求めてくる被検者もいる。どんな性格なのか知られたくない気持ちが強いのに説明を求めてくることが多いので，描画そのものよりもそうした態度に性格が表れていると感じることもある。どの程度読み取るのだろうと検査者を試すような挑戦的な態度かもしれない。テストに被検者の抵抗はつきものである。

2）利き腕（右，左）
　利き腕によって描線の引き方に影響がでるのかと考えることがある。しかしこれまでの経験ではまだ何もわかっていない。ただ斜線の引き方に，線影を施す場合「右上から左下へ引く」のは母親からの期待とプレッシャー，反対の斜線は父親からのそれを意識していると思われる。左利きの場合，「左上から右下へ」引くことが多い印象があるが，実際には母親から強く影響を受けている左利きの人でも「右上から左下方向」に引くことが多い。この線影に利き腕は関係ないのかもしれない。それ以外にも描線の引き方，特に水平方向の線の引き方との関係についてはまだわからないことが多い。したがって今後の研究のために一応利き腕を記録している（図8）。

利き腕の影響はあるか（斜線の陰影の描画）

図8　3枚法　第2の木　女性40歳　右利き
うつ病。不安焦燥感が強い。子どもの頃から愛されてこなかったという気持ちがあり，対人恐怖，不信感が強く防衛的。大きなクリスマスツリー型の木。広い樹冠全体に右上から左下への斜めの線影。母との葛藤が強い。
図6の事例でも3枚の絵すべてで地面に同様の線影が施されている。

3）描画時の自発的な言動や態度

　描画中に気がついたことがあれば記録する。特に被検者が描画中に話すことがある。独り言のような，あるいは何か検査者に問いかけるような方向が定まらない会話であることが多いが，その場合には，話しかけたりせず被検者の言葉や態度を記録しておく。話しかけたりすると，それが描画に影響することがあるので控える方がよい。ある時，1人の女児に描画をしてもらった。彼女は大きな木を描き，木の上部が用紙から大きくはみ出してしまい，「先がわからない」としきりに呟き，描画を続けていった。筆者は何も言わず，じっと絵を見つめ，虐待を受けてきたこの女児は，自分の行き先がわからないのだと感じた。「木の先（先端）じゃなくて，自分の先（これからの行く末）がわからないんだ」と言いたい気持ちを抑えたのだった。

　どのような順番で木を描いたかを見るようにと言われ，幹から描き始めたか，樹冠からか，はたまた根からなのか，そうした研究をしている人もいる。描く順番は結果的に用紙上の位置に影響を与えるのかもしれない。ただ，描画中の様子をじっと観察しなければならないので実際には難しいように思う。

　ある研修会で，「描画している間，どんな風にしていたらいいか」と質問されたことがあった。筆者は文庫本か何か本を持っていって，被検者が描画中はそれを読んでいると答

えた。検査者の眼を意識する被検者の場合には，こうした工夫が必要だと思う。

4）3枚目の描画「夢の木」に関する質問と反応

「夢の木」については第4章で述べるが，「夢の木」は現実にない，あるいは空想的なファンタジーを表現するように促すため，「何を描いたのか」わからない絵が出現することがある。その場合には，a）何を描いたか，b）どこが現実ではないのか，などを聞かないとわからないので，例外的に描画後のインタビューをこの点についてだけ尋ねることがある。ただし夢の木が木に見える場合には尋ねない。

2. 描画後のインタビューあるいはPDI（Post Drawing Interrogation）について

検査者は，描画後に被検者に対して意図的に質問はしない。被検者が積極的に語る場合があるが，これは描画だけでなくさまざまな創造行為の後に，何らかの精神の高揚が見られ，語らずにはいられない，あるいは会話が弾むようなクライエントとセラピストの関係が生じたためであろう。その時にはきちんと受け止めて話を聞いてあげることが必要である。しかし，描画解釈のために質問をするのは無意味であるばかりでなく，解釈に悪影響を与える。描画には意識的な部分と無意識的な部分が綯い交ぜになって表現されているのに，それを言葉で説明されてしまうと読み手は影響を受けてしまう。例えば，葉っぱがまったくない木が描かれた描画を，「枯れ木」と読むか，「冬の葉が落ちた木」と読むかで，解釈が変わる可能性がある。「枯れ木」はすでに死んでしまった木，しかし落葉した木は冬の寒さに耐え春を待っている。被検者にどちらの木か，説明を求めてはならない。それは，読み手の印象，あるいは描画の細部，例えば樹冠の形，幹，根などの描かれ方から判断しなければならない。無意識を読みとろうとするのに，被検者の言葉という意識的な部分に解釈を委ねてはいけないと思う。

第2章

バウムテストの作業仮説

　他の多くの描画法と同様にバウムテストを読むにあたって，神話学，象徴学，筆跡学，空間象徴学，精神分析，発達心理学，精神病理学，さらに民俗学など，実にさまざまな分野の知識を集めて解釈は行われる。それぞれの学問分野の知識がバウムテスト解釈にどのように役立てられているかを理解すると，バウムテストだけでなく他の描画法の解釈にも役立つように思う。コッホは筆跡学と象徴からバウムテストの読み方を構想した。ストラは心理学的手法で統計的に心理学的サインを抽出したのだった。描画の空間図式の解釈はストラによって一応の完成をみたと言えるかもしれない。カスティーラは「筆跡学は筆跡の解釈として類型学的なものを含めなくても少なくとも180の概念から成る1つの記号論に立脚しているのに対して，バウムテストは空間の象徴解釈や絵に含まれる象徴（実，多様な対象，川など）について200以上のパラメーターがあり，このテストの豊かさと複雑さを物語っている。……（中略）……バウムテストは筆跡学的分析を補完するものである。教科書的なあるいは活字体的な筆跡などでは，筆跡が性格を明らかにできることがほとんどない場合に，無意識的なものを探索する際にはバウムテストは貴重な補助手段である。木はとりわけ精神障害症例でははっきりと目に見え印象的で劇的な指標を与えてくれる。精神病的な被検者の筆跡ががさつで大きすぎる時などには，樹木画が筆跡よりも遙かに意味のあることもある」と述べている。つまり，バウムテストの読み方について，象徴，筆跡学，空間図式がその基礎にあると言えよう。

　ところで，タンノフ（2008）は簡便なバウムテストの読み方の本を出版していて，それによると「被検者は描画を描き，3重のlangage（記号言語）を用いて自分の性格や成育史を表現している」と述べている。この「3重のlangage（記号言語）」をsymbolique（象

徴），trace（描線），la situation sur la feuille（用紙上の位置）とし，描画解釈にはこの3つの要素を分析する必要があるとしている。筆者はさらに forme（形態）も付け加えるのがよいと考えている。描画を前にして，この4重の記号言語に着目しながら解釈を進めるのである。これらの記号言語について，バウムテストの解釈にどのように利用されているかを検討してみよう。

　この4重の langage で描画を読み解くことを意識すると，描画がまるで文章のように思えてくる。langage には文法があり，語彙がある。4重の記号言語，つまり形態（木に見えるか見えないか），象徴（木，風景，付属物，陰影など），描線（筆跡学的知見），空間図式（用紙上の位置，木の大きさ，はみ出し）について，バウムテストではどのような作業仮説が用いられているかを検討する。そして読む場合にも，この4重の記号言語から所見を導き出せるのである。その前に形態と象徴，それにサインという言葉について説明しよう。

　ストラは形態とサインの関係について，次のように述べている。「描画の文脈を構成し，これに形態を与えているものこそ，描画に見られるさまざまのサインなのである。木の構成と形態が組み合わさったサインのみが，時には結合し，時には反発しあいながら，描画の象徴と推定された意味の客観的妥当性を与えるのである。サインが期待される妥当性をもたらす。つまり，サインこそが描画の形態を創造すると言えるであろうし，非言語的，言葉で語られない体験が表現されている描画に向き合う解釈者が，形態を観察し，吟味し，検討する。被検者の生活史やさまざまな情報を考慮しながら，必要に応じて言語的コミュニケーションをとることで，我々の読み取った所見は確認される」。したがって，描画全体の中で見つけられたサインは，バウムの構成要素であるので，描画の中でどのような役割をしているかをきちんと見定めなければならない。

　また，象徴とコッホの「表」について，アヴェ＝ラルマン（1996；訳2002）は，以下のように書いている。

　「象徴として木が本質的に相応するのは木が象徴する心的自己である。その存在自体からは目に見えないものを木は形にし目に見えるようにし，親しみやすくする。しかし象徴というものはさまざまなものを意味しうる。ひとつの象徴に多様な意味がある。しかしどの意味でもよいわけではない。つまり象徴はすべてを指示でき，このすべてによって象徴

は共通する本質的特徴と結ばれている。したがって木の形に対しても，ただ単にまるで単語のように学びさえすれば事足りるかのごとく，心理的な具体的項目を確定的に関係づけることはできない。むしろ木の形においてはすべてが示唆性を持ち，人生のコンテキストの中で〈示唆的に解釈〉されねばならない。バウムテストにたずさわるには診断する者の能力と誠意が特に求められる。……（中略）……有機体は何であれその部分の総体以上であるという認識が通念だからである。読者には解釈をその事柄にふさわしく補うことが委ねられる。私はコッホの図表を使った解釈に条件つきで同意する（アヴェ＝ラルマンは注釈で「象徴と表現特徴を単純に比較するのはまったく不可能である」と述べている）。その代わり年齢に対応した樹冠のつけ根（樹冠と幹の接合部の意味）を統計学的に検討した成果はありがたく使わせていただいた。この成果は発達状態を示唆するだけでなく遅滞と退行についても解明の貴重な手掛かりを与えてくれるからである」。

　アヴェ＝ラルマンが象徴的に解釈することに徹しているかと言えばそうでもない。熟練しようとする人のために，彼女は巻末に「最も重要な現象の索引」を載せている。これはコッホの「表」やストラの「心理学的サイン」を思い起こさせる。ドイツ語圏のバウムテストの解釈を検討すると，木を象徴的に解釈する面と木全体や各部分から指標（サイン）を読み取る，つまりストラ的な作業が同時に行われているように思える。象徴的解釈ではきわめて検査者の個性が反映されるので，知識の伝達が難しく，心理学的トレーニングになりにくい。コッホやアヴェ＝ラルマンの象徴的解釈は，初めからテストとしての信頼性や妥当性などという概念はないようだ。「心理学的サイン」は，木の象徴性と相反するものではなく，象徴解釈を基礎にして心理学的手法できめ細かに練り上げていったものだと言える。

　アヴェ＝ラルマンはバウムテストを解釈する際に重要な3つのことを述べている。1つはバウムテストは「木が象徴する心的自己」であること，これはバウムテストの作業仮説のテーゼ（中心命題）である。次に「木の形に対しても，ただ単にまるで単語のように学びさえすれば事足りるかのごとく，心理的な具体的項目を確定的に関係づけることはできない」である。ストラはサインの意味を心理学的項目と確定的に関係づけたように思われるかもしれないが，そうではない。彼女は2万回に及ぶカイ二乗検定を行い，当然のことながら統計的有意差から検討し，完全に関係づけることができないながらも，より客観的

になるように努力したのである。ボーランダーが500近いサインを列挙しているが，その中には，ストラがサインの抽出を行っている段階で，いくつも似たようなサインについて言及していながら，統計的有意差から排除したものもある。あるいは調査対象が異なれば，もっとさまざまなサインを採用できるかもしれない。それは今後の研究に期待するしかない。バウムテストを日々用いている者は，コッホ，ストラ，ボーランダーが指摘したサイン以外のものを見つけているに違いない。バウムテストを読みながら，いつもわれわれは木の象徴とサインの間を揺れ動いているのである。そして3つ目は，「バウムテストにたずさわるには診断する者の能力と誠意が特に求められる」である。診断能力と誠意が必要なのである。

　本章では4つのlanguageと共に，特殊サイン（擬人型，ウロ，性的表現）を加えて作業仮説について述べることにする。

I　形　　態

1．木に見えるか見えないか

　形態（フォルム；forme）にはさまざまな意味がある。筆跡学でフォルムとは字の形のことである。どのような形を選ぶかはそれを書く人に任されていて，きわめて意識的なものであり，その字を書いた人の教育程度が形に反映されると言われている。筆跡学で扱われる描線が無意識的であるのに対して，フォルムは意識的なものである。バウムテストの形態がどこまで意識的なものかはわからない。文字にしても何を書いたのか判読不能な文字を目にすることがある。同様にバウムテストを多くの人々に描いてもらうと，「木に見えない木」に出会うことがある。特に子どもの場合，あるいは認知症の人など，さらには「夢の木」でもそうした木が出現することも少なくない（図9・10）。

木に見えない木の絵

図9　1枚法　男児 11 歳　描画時間 8 分
IQ 境界域。低年齢での薬物使用（シンナー）。
描画時も薬物の影響のためにボンヤリした表情で，外の木を見ながら描いている。奇妙な形態から「周囲との接触」が困難であると思われる。

図10　1枚法　男子 14 歳　描画時間 10 分
統合失調症，軽度知的障害。幻覚，放火。
根が足のように見え，今にも動き出しそうな木。樹冠の右半分はマルが密集して描かれている。典型的な S 状の幹（p.47 参照）で強い衝動性が放火に結びついている。

　コッホは「木の形態」について，「根と幹と樹冠が木の主要部分である。根は普通，隠れているか，見えても付け根の部分だけだが，根があることは誰でも知っているし，小さな子どもですらすぐわかるようになる」と書いている。さらに「バウムの構築障害」という表現を用いて，「調和の取れたバウムを構築できないことと，環境と調和のとれた関係を築けない点が重要である」と言い，木を木らしく描けないことは，その被検者に周囲との関係に問題があることを示唆している。

　ボーランダーは「木の型」の中で，「一般的な意味で，木が描かれる用紙は被検者が生活している環境を表している。『環境』とは一般の社会状況や物理的環境だけではなく，自己の外にあるものとして経験されるすべてである。……いずれにせよ樹木画の構造と性質は，自己と他者の相互作用についての被検者の主観的感情とともに，環境の圧力と影響への被検者の態度を表現していると考えられる」と書き，「現実的な木（現実的に描かれた落葉樹，現実的に描かれた針葉樹）」，「抽象的な木（抽象的な落葉樹，抽象的な針葉樹，

空想的な木)」に分類し，それぞれに解釈を付けている。解釈に頷けるものもあるが無理な解釈も見られる。いずれにしてもボーランダーには根拠となる資料が掲載されていない。

ストラは，コッホの「バウムの構築障害」やボーランダーのような抽象的あるいは空想的な木に関する議論をあまり行っていない。木に見えなければ，樹冠や幹や根に関する考察はできないので，「木とは思えない」「木に見えない木」といった形態についてはサインの抽出ができなかったと思われる。

カスティーラはストラの影響を受けながらも，筆跡学的知見を加味して，木の形態について大胆な仮説を述べている。「貧弱なあるいは子どもっぽい形態」は知的障害を，「子どもっぽい形態」は神経症・精神病を，「木とは思えない形態」は神経症・精神病，薬物依存を，「抽象的でちぐはぐな形態」は接触困難，現実から切り離されている状態を示している。カスティーラによれば，「木とは思えない」と形容された木は，木に見えない，何か奇妙なものに見える場合が多いものを指し，被検者が現実から切り離されていることを示唆する。つまり，木の体をなしていない描画については，自己と他者との関係，あるいは自己と環境との関係に困難が生じており，周囲との接触の問題，現実から切り離されている状態を示している。

2．子どもっぽい木の問題

「子どもっぽい木」は，幼少児が描くような稚拙な木を意味している。しかし，子どもが描く木は稚拙ではあるが，見る者からすれば明らかに「木」と認識できる形態を持っている木である。また，「子どもが描く木」と「子どもっぽい木」は同じではない。コッホはバウムテストを発達検査と考えていたようで，幼稚園児や小学校低学年の子どもが描く木から，「早期型」を抽出している。

1）子どもが描く木

子どもといっても何歳から木に見える描画をするのだろう。この問題は何歳からバウムテストが施行できるか，そして木に見えなければ木の象徴性から考察することや，幹や樹冠の形に心理的意味を与えることができないので，解釈上はなはだ不都合である。コッホが研究対象にしたのは5歳から16歳までの子ども，ストラでは4歳から15歳までの正常な児童2,416人であった。コッホもストラも4歳や5歳の子どもの描画をすべて木に見え

る描画として扱っている。しかし，実際に幼稚園児や小学校低学年の学童にバウムテストを施行すると「子どもっぽい木」というよりも「木に見えない木」を目にすることも少なくない。一般的に何歳から「木らしくなる」のかを筆者らは調査している（木村，2010）。

　ある幼稚園に在籍する3歳から5歳の園児，男児188名，女子123名の合計311名を対象とした。3歳児では「木とはどんなものか」わからないと困るので，描画の数日前にわざわざ園児を公園に連れて行き，木を見せている。A4のコピー用紙と2B鉛筆を使用し，3枚法で施行した結果，4歳半以降にしか「木に見える」形態の出現はなく，「木に見えない」形態は6歳まで出現していた。6歳1カ月になると，「木に見えない」形態はほとんど消失している。男児より女児のほうが数カ月「木に見える」形態の出現が早いようである。「木に見える」形態と「木に見えない」形態が4歳半から6歳までの子どもに出現するのである（図11 〜 19）。コッホやカスティーラが指摘しているように，現実の環境との関係に何か困難が生じている，あるいは精神的ストレスや現実との接触困難，知的障害や退行などについては，少なくとも小学校入学後の子どもについて考えるべきである。

　次に幼児が描く3枚法について検討してみると，1枚目から3枚目へと移行するにしたがい，「木に見える」描画の割合が減少し，同時に「木に見えない」あるいは，「どちらにも見える」形態が増加する傾向を示した。ワロン（1998；訳2002）は，「疲れていると，子どもはみずから進んで描こうとはしない。また，描いている途中で子どもが疲れてしまい，それ以上描けなくなることもある」と述べ，描画全体の構造の質が後退していることを指摘している。子どもの場合，木の形態の変化に疲労が影響しているかもしれない。

　コッホの「早期型」と，調査した幼稚園児の描画を比較すると，「一線幹」「幹下直」「枝描写なし」が見られているが，枝の出現が少なく，「早期型」の枝に関する項目についてはほとんど見られなかった。枝の出現と発達について，日本の小学生と韓国の小学生のバウムテストを比較したところ，韓国の小学生では低学年から枝を描画する子どもの割合が日本の小学生に比べて多かった。コッホは枝を「環境と出会う場」と言ったが，社会性の獲得は韓国の子どものほうが早いのかもしれない。あるいは何か他の要因があるのだろうか。

子どもの絵① 「木に見えない」形態

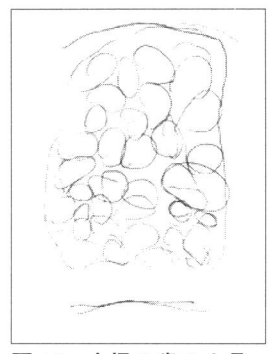

図11　男児3歳2カ月　　　図12　女児3歳5カ月　　　図13　女児4歳0カ月

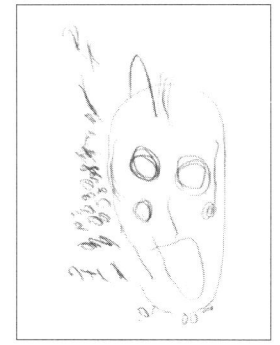

子どもの絵② 「どちらも可」の形態

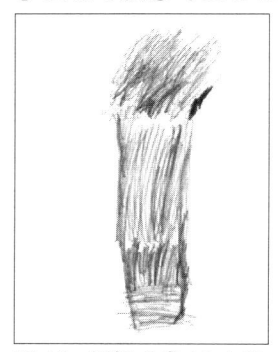

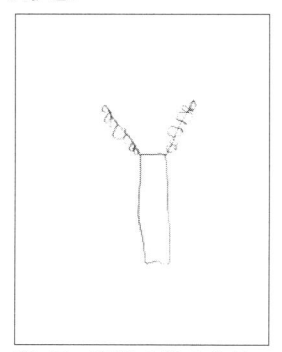

図14　男児4歳11カ月　　図15　男児4歳8カ月　　　図16　女児4歳9カ月

子どもの絵③ 「木に見える」形態

図17　女児5歳8カ月　　　図18　男児6歳1カ月　　　図19　女児4歳7カ月

2)「子どもっぽい木」に関する議論

　カスティーラは,「子どもっぽい形態」について, 知的障害, 神経症, 精神病のサインであるとしている。被検者の年齢に比して描画が稚拙であると判断される場合, 被検者についていくつかのことが想定される。例えば, 知能検査や教育歴から知能が普通域と判断された被検者が「子どもっぽい形態」の描画をした場合, 知的障害は知能検査から否定されるので, 被検者が何らかの理由でそうした形態になったかを検討しなければならない。意図的に, つまり防衛のためか, あるいは環境因, 身体因を考える必要がある。ストレスに曝された影響か, あるいは精神疾患によるものが考えられる。とは言え, 10代半ば頃までの子どものバウムテストでは, 例えば10歳の子どもが5, 6歳の子どもが描くような木の形態を描いた時に, 発達面から知的障害, 精神的問題としては退行などの困難を抱えていると考えてよいか, 疑問が残る。発達障害の子どもに多い境界知能や軽度知的障害では「子どもっぽい木」であることもあれば, そうでないこともある。

　ところでバウムテストの所見で, しばしば「形態水準の低さあるいは貧困」という表現が使われることがある。これは「木とは思えない形態」と「子どもっぽい形態」の両方の意味で用いられているようである。いずれにしても, こうした形態を指摘するのは難しい。それは, 幼児や小学校低学年の普通児の描画をわれわれはあまり見ていないことも理由に上げられるのではないだろうか。

　コッホは「早期型」「構築障害」「本来の形ではない形」の項で「子どもっぽい形態」と「木とは思えない形態」について論じ, ボーランダーは「抽象的な木」「幾何学的な木」などに分類している。ストラはこれまで論じてきたような形態に関するサインは皆無である。サインとして抽出する代わりに,「情緒成熟度尺度」の中で, 発達段階と描画の変化について詳細に論じている。

　ストラが「子どもっぽい形態」のサインとして抽出したのは, ［サイン81. 樹冠部と1本の線で分断されている幹の先端］である。コッホでは「半モミ型幹」, ボーランダーでは「幹から樹冠への移行が閉じた木」の中の「本質的に切り株といえるものに, 枝をきわめて不自然につける」である。樹冠部と幹の接合は, 発達に関連しているが, 同時に精神の発達, 精神疾患とも関連する。アヴェ＝ラルマンは, 樹冠部と幹の接合部を「思春期以後の人格形成の有り様を示すもの」として描画解釈の中心命題にしている。コッホの解

釈は「原初的で，頑健粗忽であり，あまり分化していない」であり，ボーランダーでは「精神生活の実質がほとんどないことを示唆し，この抑圧が壊れる場合，精神病の危険が存在する」と述べている。ストラのサインの意味は，「〔統計〕①現実を検討することもなく漫然と生活し，周囲からの圧力に適応しようとしている。②しばしば，躾や教育に対して反応しない，あるいは反抗的態度をとる。〔臨床〕③被検者は周囲の規範や要求を自分に向けられないことを望み，しかたなくある程度は受け入れる。そうすることで周囲からの圧力を弱めようとする」である。

形態を検討するにあたっては，樹冠部と幹がどのような関係になっているかに注目しなければならない。

3. 木の構造

形態を吟味する場合に，まず「木に見えるか見えないか」，次に「子どもっぽい木」で検討したように被検者の年齢，知能を考慮しながら「形態水準の問題」，さらに樹冠部と幹との関係に注目する。ここでは，木に見える場合もそうでない場合にも，「木の構造」あるいは描画の構造について検討する。

1）表現パターン

バウムテストで描かれた木の描画全体を眺めると，特徴的な表現パターンが見られることがある。カスティーラは2つの表現パターンについて取り上げている。「ギザギザした木の形態」は解放されないリビドー的エネルギー，潜在的攻撃性を表し，「繰り返し（常同的）のパターン」は未成熟，知的障害を表す。コッホでは「ステレオタイプ」や「まっすぐで角ばった形」があり，知的障害や子どもの描画との関係を指摘している。常同的な繰り返しのパターンは，木全体よりも樹冠内部の枝や葉が常同的に描かれている場合に用いられている。ストラも常同的な表現パターンのサインを抽出しているが，それは［サイン48. 樹冠内部が単調なディテールで描かれている］で，「〔統計〕①強迫傾向。〔臨床〕②執拗にこだわる，知的に劣るかもしれない。③保続症，固執」である。

左右の対称性（シンメトリー）に注目したものとして，コッホの「水平枝」がある。これは「早期型」の一種で「この指標は，きわめて早期に散発的に観察される早期型なので，成人や青少年に見られた場合は，特別に原始的な状況を，純粋に指し示すものと考え

てよい」としている。ボーランダーは「枝の構造的配置」から「左右対称の枝の構造」として取り上げている。彼女は構造的視点よりも枝に関するサインとして扱っている。「左右相称の枝をもち，幹が中心にある構造は，豊かなエネルギーと身体的な力をもつ人が描いており，低知能や未成熟性とはあまり関係がなかった」と，コッホの解釈を非論理的だと述べている。カスティーラは抑うつのサインとして，「茂みの中に見られる対称的なライン構成」を上げている。またストラは幹，枝それぞれを軸とした「シンメトリー構造」について8つのサインを抽出している。例えば，

　[サイン15. 水平方向の対称（幹を軸として）]：〔統計〕①抑制，うわべはうまくいっているようにみせかける努力。②情緒的危機，情緒的負荷がかかっている，無理な努力。③優しくすることと攻撃的な態度をとることの間でジレンマに陥る，しかも罪悪感を伴い，それを隠したいとも思う。④内心ではいらいらしながら，表面的には取り繕う。〔臨床〕⑤両価的，葛藤。⑥ムラのある精神的エネルギー，緊張と弛緩，休息と活動性。

　[サイン16. 斜め上方向の対称（幹を軸として）]：〔統計〕①興奮と強い抑制。②人混みの中であるいは仕事で気を紛らす，休みたいという思いを懸命に抑え込み疲労困憊の状態になる。③自己にも他者にも向けられる突然の攻撃性。④興奮，焦燥感，衒気的。⑤攻撃性をコントロールしようとする無理な努力。⑥対立。かっこよく見せようとする欲望。⑦病気や事故に対する恐れ。⑧精神疾患（うつ病，躁病，衝動的な窃盗，神経衰弱）。

　[サイン17. 交互に水平方向の対称（幹を軸として）]：〔統計〕①情緒的な問題に対して，どのような態度をとるか躊躇している。②接触の問題。③多かれ少なかれ意識的で強迫的な両価性。

　[サイン18. 交互に斜め上方向の対称（幹を軸として）]：〔統計〕①焦燥感，興奮，不安定，じっとしていられない。②メンツを保つための過剰補償。③両価的態度。④接触のジレンマと精神的なジレンマ。⑤鬱積され時々爆発する攻撃性。⑥怒りと感情の抑圧。⑦性格的にそして身体的な劣等感。⑧心身的な反応——具体的には頭痛，悪夢，吃音あるいは構音障害。⑨変化しやすい注意力と記憶力。深刻な神経症，精神不均衡。退行，依存，支えが欲しい。

　[サイン19. 水平方向の対称（枝を軸として）]

［サイン 20.　斜め上方向の対称（枝を軸として）］

［サイン 21.　交互に水平方向の対称（枝を軸として）］

［サイン 22.　交互に斜め上方向の対称（枝を軸として）］：〔臨床〕15.～18.の描画サインと同じように意味づけすることができるのだが，幹と樹冠（樹冠内部）の意味するものが違うことを考慮する必要がある。幹は現実に経験されたものと関連し，樹冠（樹冠内部）は，内在化され，感じられ，想像されるものに結びつく。

［サイン 22b.　相反する枝（対称的，あるいは交互に見られることもある）］：〔臨床〕上記のさまざまな場合を統合して考える。

このように，「シンメトリー構造」のサインの意味内容は，衝動性と攻撃性に関するものが数多い（図 20）。

同様に，樹冠内部の構造としてストラが指摘したのは菱形模様のサインである。菱形模様のサインは，自立と依存の間を揺れ動く青年期の被検者によく見られる。

表現パターンから木の構造を見る場合には，「ギザギザした木の形態」，「まっすぐで角ばった形」，「繰り返し（常同的）のパターン」，「ステレオタイプ」，「左右の対称性（シンメトリー）」に注目しなければならない。

シンメトリーの木

図 20-1　3 枚法　男子 16 歳　　図 20-2　第 2 の木　　図 20-3　夢の木

IQ 普通域。不登校。躁うつ病の軽うつ状態。抗うつ薬により改善。
第 1，第 2，夢の木ともシンメトリーの木。第 1，第 2 の木は開いた樹冠。夢の木は閉じた樹冠。

2) 開いた樹冠と閉じた樹冠

　検査者が描画から木の形態を見る場合，木の基本要素の中では樹冠の形が判断に最も影響を及ぼすと思われる。「開いた」あるいは「閉じた」樹冠について，各研究者は厳密に定義していない。まず用語の整理をしてみよう。樹冠に関する用語として，樹冠以外に，「茂み」，「樹冠部」が上げられる。「茂み」は樹冠内部のことで，主に枝，葉，実などについて述べる場合に用い，樹冠内部と言ってもかまわない。「樹冠部」は木の構造の3要素である樹冠・幹・根との比較や関連について述べる場合に用いられることが多く，もちろんこの用語を使わず，樹冠と呼ぶこともある。一般的には樹冠が使われている。ただし，描画によってどこまでを樹冠と呼ぶかといった議論になる場合には樹冠部と幹の区分という言い方をする。

　「開いた樹冠」か「閉じた樹冠」かの判断は，樹冠輪郭線の有無による。樹冠輪郭線が描かれていれば「閉じた樹冠」である。ただし，樹冠輪郭線が広がった枝に沿って描かれている場合には「開いた樹冠」になる。この場合には，樹冠輪郭線が幹輪郭線に移行していることが多い（図21・22）。

開いた樹冠①樹冠輪郭線がない場合

図21-1　3枚法　男子16歳　　図21-2　第2の木　　図21-3　夢の木

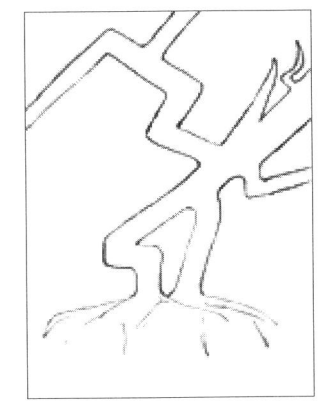

IQ普通域。統合失調症。
第1，第2の木は，上方に大きくはみ出した開いた樹冠。シンメトリー構造と菱形模様が見られる。夢の木は幾何学的で奇妙な描画であり，2本の木が融合している。
第1，第2の木は用紙の中心と幹の中心が合致しており，懸命に精神の均衡を図ろうとしているが，第2の木の上方への大きなはみ出しに苦悩が伺われる。

開いた樹冠②樹冠輪郭線がある場合

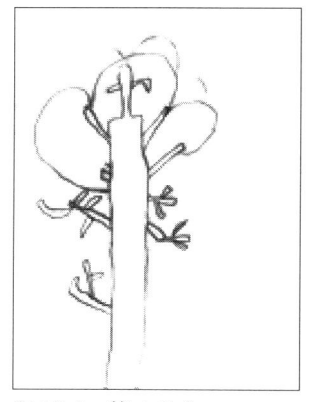

図22-1　第1の木
男児 11歳

図22-2　第2の木

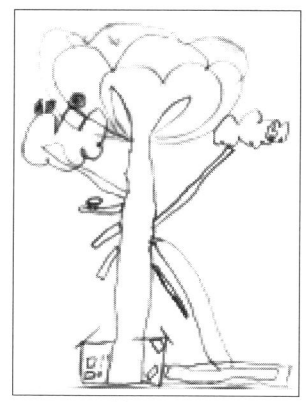

図22-3　夢の木

IQ 普通域。不眠傾向から不登校。
第1の木は樹冠部が3つに分かれ，樹冠輪郭線で囲まれ，樹冠部の下方左右に枝が2本ずつ出ている。これらを冠下枝と見ることはできない。むしろ樹冠部が下方に垂れ下がっていると見るべきである。第2，夢の木も同様の構造である。

　樹冠輪郭線の下縁と幹が触れる部分までが樹冠の高さになる。樹冠輪郭線がある木では，樹冠と幹の区分は樹冠輪郭線で示される。樹冠輪郭線がなくても，樹冠が一塊の密集した茂みで表現されている場合も「閉じた樹冠」と見なすことができる。ボーランダーは「樹冠の形」の項で，「枝の構造のまわりに輪郭を描いて樹冠の形態を知る必要があろう」と述べている。樹冠輪郭線がない場合には，そのようにしてみるのも1つの方法である。したがって，花や葉，実などがついていても，枝がむき出しになっていれば「開いた樹冠」である。

　「開いた樹冠」の領域，つまり樹冠部と幹は最も下端の枝の位置によって決定される。しかし，冠下枝の問題がある。「閉じた樹冠」では樹冠部が明瞭にわかるので，樹冠部から離れて出現した枝を冠下枝と見ることができる。「開いた樹冠」の場合には，一塊の茂みと明らかに離れて下方に枝がある場合に，冠下枝と呼ぶ。

　「閉じた樹冠」について，コッホやボーランダーは「球形樹冠」（図23）として取り上げている。「開いた樹冠」としてコッホは，「雲状の丸い形で包まれた枝先」を，ボーラン

ダーは「冬枯れの木」や枝の構成から議論している。ストラでは開いた樹冠について，樹冠輪郭線があってもそれが切れ切れであれば，「開いた樹冠」としている。例えば，［サイン 42. 開いた樹冠］，［サイン 42b. 糸のような描線で描かれた開いた樹冠］，［サイン 43. 短い曲線で描かれた開いた樹冠］がある。

閉じた樹冠①樹冠輪郭線がある場合

図 23-1　第 1 の木
女子 13 歳
IQ 普通域。不登校。
第 1 の木の樹冠輪郭線はギザギザの描線であるが，第 2 の木ではすっきりした曲線で描かれている。球形樹冠。

図 23-2　第 2 の木
典型的な閉じた球形の樹冠，内部に何も描かれていない。あからさまな攻撃性は見せないが，内面では激しい攻撃性や衝動性をもつ。

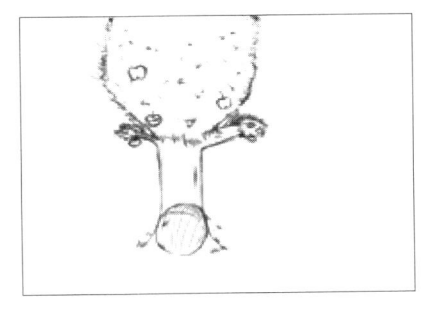

図 23-3　夢の木
夢の木では，樹冠のすぐ下に左右から冠下枝が見られる。左右の枝の形が異なる。両方に冠下枝がある場合には，ストラのサインは適応できない。擬人型であり，根もとにウロが見られる。

閉じた樹冠②樹冠輪郭線がない場合

図 24-1　3枚法　第 1 の木
男児 9 歳

図 24-2　第 2 の木

図 24-3　夢の木
樹冠部は右上方に向いている。

IQ 普通域。ゲーム機に熱中して痙攣。時々不登校。
3 枚とも同じような描画である。幹と根は黒い陰影，枝はすべて直線で単線の枝である。このように樹冠部を構成している構成要素（枝など）が単一で纏まっている場合には，樹冠輪郭線がなくとも「閉じた樹冠」と見なすほうがよいように思われる。単線の枝で菱形模様が構成されている。

閉じた樹冠③葉が樹冠輪郭線の代わりをしている場合

図 25-1　3枚法　女子 17 歳

図 25-2　第 2 の木

図 25-3　夢の木
樹冠の下方の枝は冠下枝かが問題である。樹冠部を構成している枝と同種の枝が出現しているので，これは冠下枝ではなく，幹の右側下方から出ている枝までを樹冠部と見なすのがよいように思う。そのように見れば，樹冠が下方に垂れ下がっているので，情緒的未熟さが指摘される。

IQ 普通域。強迫性障害の疑い。
第 1，第 2 の木は同じように描かれ，夢の木では幹の左右から冠下枝のように枝が出ている。3 枚とも樹冠は葉が繋がりながら樹冠を閉じた形にしている。

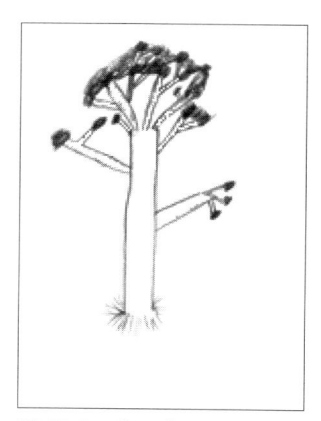

3）テタール型と冠下枝

　樹冠の構造に関連して，「テタール型」と「冠下枝」について述べることにする。ストラは樹冠の構造から見ると「開いた樹冠」であり，しかも幹の先端部と思われる形について「テタール型」を指摘している（図26・27）。Têtard（テタール）は，動物学ではオタマジャクシ，園芸では頂部を丸く深く刈り込んだ木，林業では「頭木」林木の幹を地上 0.5〜4m くらいの高さで伐採し，残存台木からの萌芽を育成して更新を行う樹木の意味である。幼児の描画研究では人を表現した最初の絵と考えられ，「頭人間」や「オタマジャクシ型」の訳語が用いられている。このサインでは，幹そのものが樹冠部のように見える構造になっているかが問題であり，「幹先端処理」の問題とも関連する。

　冠下枝については，すでに述べたように樹冠部の領域が決定されなければ，樹冠の下，つまり冠下の枝であるとは言えない。コッホは「一部低在枝」と呼び，「部分的遅滞，部分的退行」と解釈している。ボーランダーは「はずれた位置の枝」と表現し，ストラも直訳すれば「離れた枝」と表現している。はずれた位置や離れたの意味は，もちろん樹冠部から離れていることである。ボーランダーのサインは「過去の出来事や計画を表している」。「右の冠下枝」は，「父親との過去の同一化，中断した計画や努力，成功しなかった恋愛など」を意味し，「被検者自身の意志や時間の経過によって，通常終わっている」。一方，「左の冠下枝」については，被検者の意志に反して「中断させられた恋愛，妊娠，計画かもしれない」。「冠下枝」に関する解釈には 2 人とも類似していると思われるが，気になるのはボーランダーが「描かれることが稀」としていることである。筆者らの経験では，子どもも成人でも数多くの「冠下枝」が出現した描画に触れている（図28）。

　次に，ストラのサインを紹介する。［サイン78. 左の冠下枝］は，統計上，「①母親あるいは母親代わりの人に対する両価的な愛着。②母親をモデルとして取り込む，母親に似ていたいと思いつつも同時に母親に攻撃的でもある。」を意味し，［サイン79. 右の冠下枝］は，統計上，「①男らしく，父親のように，強い人間のように見られたいという欲望。②母親に対して保護的役割。③父親の支えとアドバイスを求め，父親はライバルでありながらも似ていたいと願う。④男らしさの過大評価，危険や攻撃的な反応に対する恐怖感。⑤性的なことへの関心と男性性に対する不安。⑥攻撃性がしばしば不愉快な状況に陥らせることがある」を意味する。

テタール型の木

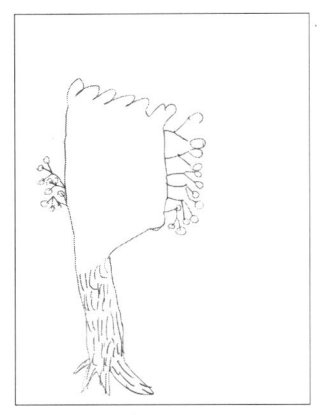

図 26-1　3 枚法　第 1 の木
男児 7 歳　描画時間 3 分

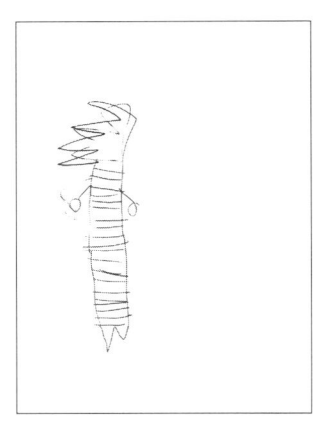

図 26-2　第 2 の木
描画時間 2 分

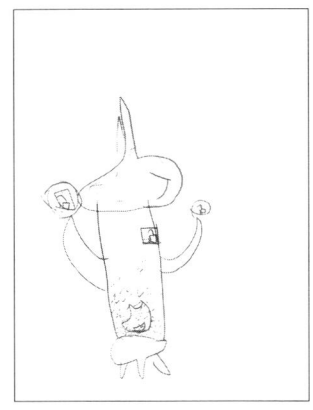

図 26-3　夢の木
描画時間 3 分

IQ 普通域。不登校。
第 1 の木，第 2 の木はテタール型である。3 枚とも極端に左に位置し，3 枚とも木に見えない。一般に 4 歳半頃から木のように見える形態になる。ストラの［サイン 26. 左に位置する］：①母親に関する問題，両価的で依存的な愛着。②躾に関して，父親との問題。

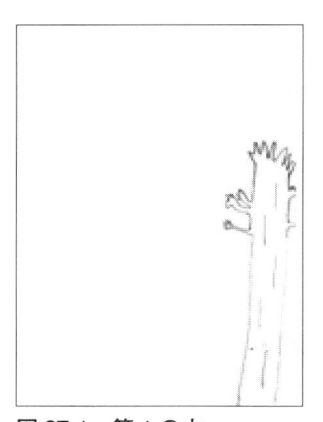

図 27-1　第 1 の木
男子 15 歳

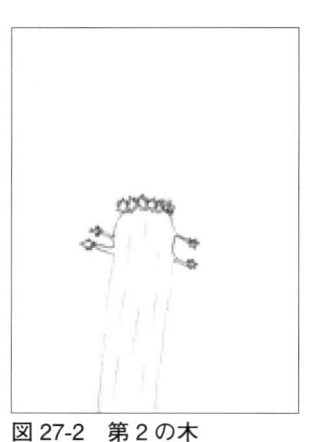

図 27-2　第 2 の木

図 27-3　夢の木

IQ 普通域。反応性愛着障害。
幹の先端から直接枝や葉のようなものが出ているテタール型の木は，情緒剥奪，強い不安をもつ人が描くことが多い。

典型的な冠下枝

図 28　3枚法　第1の木　女子 16 歳
IQ 普通域。幼少期に母親と死別。
樹冠部は閉じていて，内部は何も描かれていない。幹の中程，左側から冠下枝が出ている。幹と枝を繋ぐ部分に線はなく，幹から直接枝分かれしている。冠下枝では幹と枝の接合部が線で切れている場合とそうでない場合がある。

4）幹の構造

　幹は木の中心である。幹の領域は上部は樹冠，下部は地面ライン，あるいは根の領域で区切られる。樹冠部と幹を区分するのに樹冠輪郭線が用いられるが，樹冠と幹との関係では樹冠内部に幹が入り込んでいる描画が数多く見られる。最も極端な例は，かつて T 字型幹，あるいは S 状の幹などと呼ばれた樹冠部を左右に分断するように貫いた幹である（図 6-2・図 10）。樹冠内部に幹輪郭線が描かれている場合には，樹冠部の領域であっても，幹として扱う。樹冠内に幹が入り込み，しかも 1 本の枝しか描かれていない場合，冠下枝ではないかと思われることがあるが，樹冠内部にあるので冠下枝とは呼ばない。

　幹の下端は地面ラインによって根と区別される。ところが幹の輪郭線が地面ラインにまで延長されている場合や地面ラインがない場合，根が描かれていない場合がある。つまり，幹の下端は地面ラインや根の有無によって変化する。例えば，ストラの弟子たちによれば，木の高さを測る際に，地面ラインがある場合には，そこから木の先端までを木の高さとしているが，地面ラインがなく根がある場合には，根の下端から木の先端までを木の高さにしている。幹の下部に根らしきものが描かれていても地面ラインがないと幹と根の区分を判断するのが困難なことが多い。

　幹の構造を理解するには樹冠部との移行，地面ラインや根との移行に注目する必要がある。

5) 木の一部しか描かれないバウムテスト

　木の基本要素は，樹冠・幹・根である。しかしこれらの基本要素の中で根が省略されることが多いので，樹冠と幹が描かれていれば，木の描画と見ることができる。木の一部しか描かれず，しかもそれが紛れもなく木である描画が見られることがある。枝だけだったり幹だけだったり，樹冠のみということもある。あるいは果実のみが描かれることもある。

4. 特殊な木

　PDI（p.28 参照）を行わないので，被検者が何の木を描いたのかはわからないことが多いのだが，時々被検者が描画中に検査者に話しかけるように，「この木は桜，地面に落ちているのは桜の花びら」などと言うことがある（地面に落ちているのはどう見ても砂利や石ころだったりするのだが）。ボーランダーは被検者に「何の木を描いたか」を尋ねると，「一般的な普通にイメージされる木」を描いたと言う人が多いと指摘し，フェルナンデスはヨーロッパでは一番ありふれている樫や山毛欅のような木が多いと述べている。

　ここで述べる「特殊な木」とは，描画から木の種類が明瞭に読み取れる木のことであり，ボーランダーが「属名による木の型」で示したものである。ヤナギの木，ポプラの木，ヤシの木，マツ型の木，イチイの木，ヒマラヤスギの木などについて，ボーランダーはそれぞれの意味や解釈を紹介している。またフェルナンデスも，数多くの木の種類（ブナ，ポプラ，樅の木，松，椰子の木，しだれ柳，柳，果樹など）とその象徴的解釈を上げている。ストラは特殊な木として［サイン 65h. 椰子の木］，［サイン 65i. 枝垂れ柳］の2つのサインしか挙げていない。

　枝垂れ柳について，3人の研究者の解釈が興味深いので取り上げてみよう。ストラによれば「悲しみ」であり，フェルナンデスは木の象徴解釈から「死，悲しみ，聖なる掟を象徴し，そのため不死性，天上とのコミュニケーション，豊穣さ，純粋性，循環的な再生の象徴と解釈される」としている。ボーランダーは，「シダレヤナギは通常，悲しみや抑うつ的な精神状態を連想させるので，バック（1966）はこの木の型の描画が，明らかな抑うつの指標だと結論した。しかしわれわれの見解では，このような意味はまれである。主題としてヤナギを選ぶのは，不快に結びつく過去の影響を断ち切ろうという努力に関連していることが多い」と言う。

特殊な木として他に「お金のなる木」「クリスマスツリー」「家の形をした木」などが上げられる。解釈については後述する（pp.84-85参照）。

II 象　　徴（木，陰影，風景，付属物など）

　古来，洋の東西を問わず，人間が植物のイメージ（植物的用語）で，あるいは植物が人間のイメージ（人間的用語）で語られてきた。例えば，「ひまわりのような人」とか「立てば芍薬，座れば牡丹，歩く姿は百合の花」のように人を植物に喩えたりする。小説の題名でもバルザックの『谷間の百合』のように主人公の女性を百合に喩えている。木を擬人的に表現するのは古代ギリシアから今日まで膨大な文献の中で論じられている。プラトンは対話編『ティマイオス』の中で，人間は地から生えた植物ではなく，天から生えだした植物だと主張する。天界と地界とを結ぶ宇宙樹は，北欧神話に由来すると思われる『ジャックとまめの木』や『古事記』にも登場する。旧約聖書の『イザヤ書』に出てくる「エッサイの木」はダビデの父であるエッサイからキリストまでが描かれている系図樹だが，エッサイの臍あるいはペニスから大木が生えているようにも見える。『日本書紀』の有名な作物起源神話では，稚産霊（ワクムスビ）の臍から五穀が生まれている。木や植物のイメージが人間に結びつけられているのは洋の東西を問わない。それは哲学でも文学でもあるいは宗教でも同様である。しかし，さまざまな植物についての象徴を検討してみるとその差異にも驚く。自然と共生し，生きとし生けるものを憐れむ東洋的仏教的世界観と，徹底した善悪の二元論によって選り分けて神と悪魔の象徴体系に仕立て上げた中世キリスト教の世界観の差異である。木が象徴するものが何であるか，民族や文化によっても異なるかもしれない。

　ルルカー（1960；訳1994）は，樹木象徴をテーマとした著作の中で，「心理的投影としての樹のスケッチ」の章で，コッホのバウムテストを取り上げている。「心理的にみれば，素描や油彩などが描かれる際，さまざまな魂の諸力が共に働き，芸術的な纏まりをつけて，1つの形象に到達するといえよう。……一定の留保をつけての話だが，素描には描く人の心理が部分的に投影されているとみなすことができる。その際，内から外への投影が，意識的な意志の領域で行われていないことに注意を払う必要がある。かつてゲーテは，芸術作品において注意を引きつける自然は，外的な自然ではなく，人間の内的自然

であると述べたが，彼のこの言葉は現代の心理学的芸術観の視点を先取りしている」と言い，エミール・ユッカーが神話の詳細な知識に基づき，樹の素描が1人の人間の全体的な人格の基層を突き止めることができるという着想を抱き，コッホがバウムテストに発展させたと述べている。さらにユングの『哲学の樹』を引用し，樹や根の象徴解釈を引用しながら，芸術作品に見られる樹の解釈を行っている。

　バウムテスト研究の流れを見ていくと，まずエミール・ユッカーの神話における樹木象徴から始まり，コッホが樹木の象徴解釈から「表」を作成しながら発達とその指標を見つけていき，1957年の『バウムテスト第3版』に至る。しかし1954年に出版されたユングの『哲学の木』（訳2009）がどの程度参考になったかはわからないが，木の象徴性と指標の間を行き来していたと見ることができる。コッホの後にバウムテストを研究した人々は，精神障害と指標となる木の表現を探すことになった。指標は別な言い方をすれば記号（サイン）である。木は人間のさまざまな投影を受け入れることができるだけの多義的・多層的な，奥行きのある存在で象徴のもつ本質的な機能と合致する。記号は意味するものと意味されるものが単一的に限定されるのに対して，象徴における意味されるものは，記号のように決して単一的で，明晰で，スタティックではありえず，多義的・多層的で，ダイナミックである。曖昧模糊とさえ言えるファジー性をその本質に抱え込んでいる。そう考えると，コッホの「表」に記載されているサインの意味に矛盾するのも納得がいくのである。これに対してストラが示した心理学的サインは，統計的手法を用いて，より記号化していると言えるかもしれない。ストラは象徴について，「心理学的解釈に象徴を直接に用いるのは，夢の鍵に似ていて，被検者の直接性をあまりにも簡単に片付けてしまっているように思われる。このような簡単なそして有無を言わせぬやり方で結論を導いてしまう心理学者とは何だろう。集められた情報を吟味し，可能な限りそれを根拠としながら，描画に描かれた象徴に関係するものも，心理学的意味が描画サインの集まりから支持され，その意味が象徴と一致するかあるいはその基礎となっていて解釈上整合性が保たれるならば，象徴についても尺度に含めてよいとした理由である」と述べている。多義的・多層的そしてファジー性の象徴を心理学的手法で記号へと試みたのがストラなのである。ストラ以外にもコッホの後，バウムテスト研究は記号へと向かったように思う。

　次に，これまでの研究者たちが木が何を意味するか，それは木の何によって表現されて

いるか，を検討していくことにする。

1．木
1）木の象徴性
バウムテストにおいては，被検者によって描かれた木は「心的自己像」の象徴であると考える。ユングは「樹木は自己シンボルのある側面を表している。つまり樹木は，発展する過程としての自己を表現している」と述べている（1954；訳2009）。描かれた木を分析するのは，被検者の心理検査になる。しかし，芸術家が描いた木をもとにして，芸術家の性格を分析しようとするのは間違いである。芸術作品であることを無視してひとりの芸術家を「テストする」ことができると安易に考えてはならない。木がその作品の中でどのような構想の下に描かれているかを検討する必要がある。作品に描かれた人物の心持ちが投影された木に描かれていることも少なくない。例えば美人画などで，女性と木が対になって配置される絵では，木が愛しい男性を象徴しているのかもしれない。木が何を象徴しているかは常に考えなければならないが，バウムテストにおいては，心的自己像を象徴していると考えるのが大前提である。

2）各研究者の考え方
木の各部分について，それが何を意味するかといった仮説について見ていく。

コッホの仮説

〈根〉：本能や性的なものに関係する。通常は見えないものなので，表現されていれば「何かを表現している」。

〈根もと・根と幹の接合部〉：過去，幼年期の成長。育った場所，家族，集団の中のよりどころ。

〈幹〉：自我の領域。コッホは木の中心は幹であり自己概念の基本領域，生まれつきの素質の部分と考え，ボーランダーは，本能領域の根と精神領域（理性的）の樹冠をつなぐルートで情緒領域であり，ここに生命エネルギーが流れると考えている。

〈樹冠〉：コッホでは，幹の延長上にあるもの，つまり生まれつきの素質の展開した部分と考え，樹冠の外側部は環境との接触地帯を表す（対人関係）。人格の自己発達。人間の課題と可能性。人格形成のさまざまな段階。人格の象徴など。

ストラとカスティーラの仮説

〈根〉：木の安定性の源。根は安全感，よりどころを求める，あるいは不安定感，現実との接触を反映している。根は自我の原初性，従属性，本能，衝動，無意識を表現する。根から，地面との関係，鄙びた伝統（伝統への愛着），根づき，ある種の保守主義が示唆される。また，根は緩慢さ，鈍重，抑制，不動性の反映かもしれない。

〈地面〉：出現することが多い。地面は現実感，現実の世界，適応能力，不変性，見当識，拠り所となる場所を表現している。また，信頼感を表し，それに基づいて生活と問題に立ち向かう土台となりうる。さらに，現実との関わりの場所，人格の主要な側面に関係のある部分を示す。地面は社会性，風景，風土でもある。

〈幹〉：自我の能力（安定した自我）を反映している。観念の領域，自我，超自我を表現している。幹の描き方や形態は，基本的な自我感情と心理的発達が反映される。幹は性格やこれまでの生き方に結びついている。

〈樹皮〉：保護的な役割をもつ皮膜であり幹の衣裳である。樹皮は，外部と内部，自己と他者，自我と環境（社会的環境）が接触する領域である。

〈幹の輪郭〉：自己と他者，あるいは自己と外的世界をより厳密な仕方で分離する境界領域である。

〈枝の構造〉：性格のまとまり，環境にうまく適応する能力，被検者の可能性や，世界と他者との対立の仕方，自分の守り方が表現される。バランスよく描かれた枝からは，通常の柔軟さと満足のいく適応が示される。また，心理的および社会的発達に関する能力と願望が反映される。枝は象徴的に精神状態，環境との相互作用を表現している。当然，枝は環境に対して接触（枝が向かい）し，願望の方向性を示す。

〈樹冠の輪郭〉：人がいかに印象を集め，対外的にどのように振る舞っているか，どのように感じているかを示している。樹冠の外周は，自我－他者関係や人間－事物関係を単純に象徴しているのではなく，さらに過去，現在（現在と共に今まさに判断されたこと，期待し，欲望し，探し求めたもの），未来とのそれぞれの関係を象徴している。樹冠とその付属物は目に見えるもの，変化するものを表しているだけでなく，その背後に隠されている仮面も表現している。

〈樹冠の高さ〉：知的発達や精神的なものへの関心と直接的に結びついている。

〈樹冠内部〉：内在化されたものやしばしばそれが表現されなかったものと結びつく。

アヴェ＝ラルマンの仮説

〈根〉：死活に関わる意味をもつテーマ，固着した存在と庇護された存在を指示する。

〈幹と樹冠の接合部〉：木の心臓部であり，人格発展を象徴する。特に人格発展の発端とその状態が表現され，人間の自己形成という課題が生じる。リビドーの停滞もこの部分に現れる。つまりこの部分は，人格への道程あるいは人格を成立させようとする努力も象徴する。人格発展の核と捉え，思春期以降の人格形成の有り様が最もよく表現されている部分である。

〈幹の根もと〉：根もとが象徴するのは支える力であり，これは育った地や家族あるいは集団の中を本来的本性的によりどころとすることから発現する。それとともに「担う力」の問題が表れる部分でもあり，安定感への欲求が示される。描く人にとって起点となる基本的状況，すなわち生命レベルの土台であるとみなされる。

〈幹〉：直立する人，強き者，担う者を象徴している。「並存関係」に基づいた社会的共同体の中にある個々人を象徴する。描く人の社会性を示唆する。

〈樹冠〉：人格発展を象徴し，人間の課題と可能性を表現する。人格の体験領域の表現として樹冠を把握することが必要である。また，情緒的なものの表現でもあり，人格の情緒的な核心領域の性質と健康を表す。豊かな素質に恵まれ，障害を受けない人間には心的体験の止まることのない「成長」である。

〈樹冠の輪郭〉：「樹冠の皮膚」を表すが，それは同時に閉鎖と密閉，施錠と保護を意味する。また，「自己保護」の役目も果たしている。

〈枝〉：樹冠の骨格である。枝は保持，支持，持続し，損傷の際には再生する。活力や細分化について教えてくれる。葉の全体は変化するもの，すぐに補充のきくものを象徴する。

3) 木の各部分のサイン

「第7章　サイン一覧」を見るとわかるように，それぞれの研究者たちが例えば「樹冠」「幹」「根」について，意味するもの（指標，サインなど）が列挙され比較できるようになっている。象徴から記号的に取り扱えるものになったものと考えてよいのかもしれない。すでに述べたように，コッホは象徴的解釈を踏襲しているので，意味される事柄を検討す

ると矛盾するものも多いが，これは象徴の多義性に由来するのであろう。ストラは統計で行い，ボーランダーのサインは膨大で，記号と呼ぶには恣意的なものが多く，さりとて象徴的に取り扱っているわけでもないようである。木の各部分をそれぞれに独立して見るだけでなく，例えば木の三要素である樹冠，幹，根の関係を取り扱った指標も少なくない。三要素の大きさのバランスが違うこと，それぞれの接合部の特徴も指標になっている。

　幹が何を象徴するかは各研究者によって異同がある。記号として扱う場合には，さらに幹の解釈仮説との関連が希薄になるように思うかもしれない。精神分析や樹木象徴学で幹は男根を意味する。したがって，幹が長すぎる場合，性衝動の強い描画と解釈される。幹の大きさについて，ストラのサインとその意味を列挙してみよう。

　［サイン 108. 樹冠部よりも大きな幹］：〔臨床〕①子ども染みた行為，多動，焦燥感。②熟慮することが困難で欲望のままに行動する。③即物的で具体的な事柄に行動が向けられる。

　［サイン 109. 樹冠部よりも極端に大きな幹，2, 3倍の大きさの樹冠］：〔統計〕①支えが欲しい，依存心。②攻撃的な傾向と反抗的態度。③不安，恐怖，懸念をいつも心底に抱えている。④対抗心，頑固，反抗。⑤子ども染みた態度。⑥家族内での決めごとのような枠組みや，順応主義で安全感を得る。⑦食物に対する関心。⑧母親や家族への愛着。⑨冗談，からかい，おどけ，遊びを好む。易刺激性，不安定，コントロールできない衝動性，焦燥感。⑩具体的な事柄に向けられた行動。

　［サイン 110. 樹冠部と同じ高さの幹］：〔臨床〕①自己をコントロールして内面の安定を図りたい。②妥協しやすい。

　［サイン 111. 幹よりも長い樹冠部］：〔臨床〕①内省，熟慮して行動できるかもしれない。②自立や内観の傾向。

　［サイン 112. 幹よりも極端に長い樹冠部］：〔統計〕①知的教養へのさまざまな関心。②知的優秀。③創意工夫をする人。④音楽家，詩人，画家など。⑤野心，尊大さ，傲慢。⑥不適応感，現実の生活では適応に困難を感じている。⑦自分の世界への逃避願望（葛藤，固定観念，成功や失敗の夢）。⑧精神疾患（魔術的世界に生きる）——例えば，被害関係妄想，前精神病状態，強迫症。

　ストラの幹に対するサイン解釈とここで示されているそれぞれのサインの意味がどのよ

うに通底しているのか，頷けるものもあるが首をかしげたくなるものも少なくない。臨床経験と統計からサインの意味を抽出しても，サインの意味がまだまだ多義的であることが理解されよう。しかし，実際に臨床の場においてバウムテストを読む時に，サインの意味のどれかが被検者にぴったりと合う経験を何度もしている。象徴から記号へという変化はこのように比較してみるとわかりやすいように思う。

実，葉，花について

コッホは実について聖書やユングを引用し，豊穣の象徴から指標の意味を繙き，他の指標と同じように児童の年齢による出現率を示している。ボーランダーは「果実は特に女性の被検者の描画では，子供や子供への態度と関係している。果実の出現は広い意味で『創造的結果』や達成感に関連している」としている。腐った果実は肯定的なサインではないとも言う。実は豊穣あるいは欲望に関連しているように思う。実の象徴解釈はさまざまであるが，象徴から記号的な実に変更するにあたって，ストラは実という言葉を使わず，ronds（マル）と表現している。検査場面で，「何の木」であるか質問しないため，「果実」であるかわからないということもあり，さらに内容よりも「マル」という表現形態を重視している。そのため，「実がなっている」ではなく，「マルがある，あるいはマルがない」というサインになる。

葉について，コッホは「葉（Laub）は移ろいやすいものであるが，花や実よりも短命ということはない。成長し繁殖し腐敗していくことから，生の象徴でもある」と言う。ボーランダーの葉に関する解釈は素晴らしい。「一般に葉が描かれる場合，樹冠の表面の領域が増え，より広い環境との接触の可能性が増加する。葉は好奇心や，細かい探求への関心を表現することが多い。他方，また特に枝の端に描かれた葉は，出入するエネルギーの緩衝地帯や濾過機能となるので，保護装置を表している」と述べている。ストラのサインで葉に関するものは1つしか上げていない。［サイン59b. 葉のない木］で，臨床上，「自己の能力に対する疑念，劣等感情」を表す。

花に関するコッホとボーランダーの記述は面白い。コッホは，「不思議なのは，西洋の文化の歴史においてこの指標に言及されることが稀であったということである」と述べ，ボーランダーは「木に花をつけるのは，比較的まれである（われわれの資料では，花の咲いた木の出現頻度が少ないが，これは地理的な要因かもしれない）」と言う。私の臨床経

験では，樹冠内部に花が描かれている描画が少ないとは思わないのだが，桜に代表されるように日本の風土，文化と関係しているのだろうか。ストラも花に関するサインは1つしか挙げていない。［サイン65f. 木の内部にも木以外の場所にも花が見られる］である。

2. 陰影

コッホは陰影について，「指標の理解」の章で，「42. 暗く塗ること」，「43. 暗く塗られた幹」，「44. 陰影手法の樹冠」，「45. 暗く塗られた枝，暗く塗られた実や葉」，「47. 黒－永遠の沈黙」などを指標にしている。例えば，「47. 黒」では，「暗く塗ることに表現されているものは，『悲しみは暗闇と同じ』という類比で理解してはならない。激しい情動は心の構造に裂け目を生じさせて深層を捉える。その際，退行の徴候が急速に見られ，このような回り道の途中で，抑うつが暗く塗ることとして生じる可能性がある」と書いている。いかにも陰影の象徴解釈である。その一方で発達と共に各年齢で陰影の出現率を見ている。

ストラが「陰影」と呼んだのは，描線で「塗ること」である。それは樹冠や幹に見られ，同様に根にも見られる。解釈は，木の「黒く塗られた」部分の象徴性を勘案しなければならないだけでなく，木のどこの部分に陰影が施されたかによって意味を確定している。幹の陰影については，幹が被検者が「生きた」経験を表現しており，幹の陰影は被検者の行動を直接反映している。幹の左側であれば，「母親－被検者」関係が表現され，右側であれば「父親－被検者」関係が表現されている。

ストラは陰影に関して，次のような種類を上げている。

［サイン69. 樹冠，幹，地面，根の部分に，繰り返し，筆圧強く乱雑に，塗られた陰影］

［サイン70. 繰り返し，筆圧強く乱雑に，重ねて，塗られた陰影］

［サイン71. 繰り返し，筆圧強く乱雑に，縁取るように，塗られた幹の陰影］

［サイン72. 均等に塗られた陰影］

［サイン73. 縦方向あるいは横方向で，黒と白の対比が見られる］

［サイン74. 輪のようなグルグル書きの陰影］

［サイン75. 直線による陰影］

［サイン76. 糸のような描線による陰影］

［サイン77. 斑点状の陰影］

[サイン77b. 黒丸]

　これらのサインに共通して見られる考え方は，「描線で塗ること」の背後に，不安，罪責感，悲しみがあり，これは筆跡学で言う「重ね書き（retouche）」のイメージがいくぶんあるようである。それぞれの陰影には特徴があり，例えば［サイン72. 均等に塗られた陰影］は，柔らかく，均等に，筆圧は弱い塗り方で，これは瞑想，気晴らし，夢，慰めの空想を思い起こさせる。［サイン76. 糸のような描線による陰影］では，被検者が不安を活動することで乗り越えようとしている。［サイン73. 縦方向あるいは横方向で，黒と白の対比が見られる］は，被検者に精神的問題が気掛りなものとしてあることを意味し，［サイン77b. 黒丸］には満足のいく愛情を得られなかったという記憶が示されている（図30）。

陰影の描画

図29-1　3枚法　第1の木　男子17歳

図29-2　第2の木

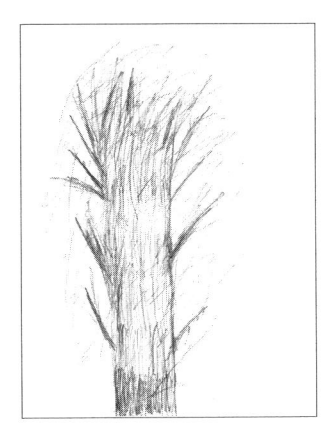

図29-3　夢の木

IQ 境界域。性的加害。
ストラが「陰影」と呼んだのは，描線で「塗ること」である。それは樹冠や幹に見られ，同様に根にも見られる。ストラの［サイン70. 繰り返し，筆圧強く乱雑に，重ねて，塗られた陰影］：母が他の兄弟ばかり可愛がった。反抗的態度。3枚とも黒々していて描画全体が陰影で描かれている。

「黒丸」の陰影

図 30-1　第 1 の木
女子 17 歳
図 30-2　第 2 の木
図 30-3　夢の木

IQ 普通域。解離性障害。身体的虐待。
3 枚とも幹，枝，樹冠内部に陰影と枝が交差してつくられた菱形模様，それに黒丸が目立つ描画である。ストラの［サイン 55c. 菱形模様］：一般的には自立の問題の意味。家族にしたがうか，離れようとする。［サイン 77b. 黒丸］：①満たされない愛情，②愛されたいと願い，愛されていないと感じている。母親に対する両価的な愛着。

3. 風景

　風景についてコッホは「風景は，それについての本来の主題が背景に押しやられて自我肥大のごときものが入ってこれるほどの広さを持つ。そのような絵を精神疾患の患者に見出してきたが，彼らはおそらく木を単独で描くこともできるのに，そのような『風景が描き込まれた』絵を描く」と言い，ボーランダーは「一般に風景を描く被検者は，全体の環境との相互作用を過度に意識している。彼らは個人としては精神的に発達していて，必ずしも外向的ではないが，環境を考慮しないでは自分自身を明確にできない」と述べ，木の周囲にある湖に木の影が映っているように描かれた場合，自己愛が示唆されるとしている。ストラは風景がどのようなものであれバウムテストに描かれた場合，次のような解釈を与えている。［サイン 4. 風景］：「〔統計〕①自分の気持ちや関心事を表現したり理解して欲しいという欲求。②安心感や枠組みを必要とする，支えて欲しいという欲求。③共感する能力と想像力を持っていたいと強く感じる」である。統計的な手法で意味を抽出したストラの意味が何となくコッホやボーランダーの解釈に似ているのが興味深い。

4. 付属物

1) 身体

　バウムテストに身体の一部を思わせる描写が出現することは少なくない。木そのものが人に見える描画は擬人型で扱う。それ以外では性的な表現が多いように思う。樹冠内部の枝が手に見えたり，根が手や足のように見えることもある。いずれにしても身体の一部が表現されるのは象徴的に解釈するしかないようである。

2) その他の付属物

　虫やしめ縄などが幹の上に描かれることがある。これらは幹のウロと見なしていいように思う。木の左右にはしごやブランコが描かれていることがある。木の右側にあれば男性のサポートを，左側にあれば女性のサポートを望んでいるサインである。また，太陽や雲や山が出現することもある。これを風景と見るか，付属物と見るかは判断が難しい。描画全体の配置から検討するしかない。こうしたものについて象徴的に解釈するのは無理がある。ただ，不適切な養育を薬物依存の母親から受けてきた女児が描いた太陽は黒々として稲光を発していたり，性的虐待を受けた女児が描いた雲が見るからにペニスの形をしていたことがあった。こうした表現は一般的な象徴解釈やサインの意味として記号化できるものではなく，被検者の生育歴や病歴から推測した心の傷の解釈なのであって一般化されるものではない。ストラは付属物があれば次のような意味を上げている。

　［サイン3．さまざまな付属物］：〔統計〕①周囲の人々から共感を得たいという欲求。②愛情を求める気持ち，芸術，音楽，宗教に関わることでこうした感情を抑える人もいる。③精神的あるいは科学的好奇心。④想像力。⑤内的葛藤，内省。

Ⅲ　描　　線（筆跡学的知見）

　描画を解釈するにあたって，筆跡学の知識から援用されているものは多い。コッホがバウムテストを構想できたのも筆跡学のおかげだといっても過言ではない。これまでの日本でのバウムテスト解釈に筆跡学的知見が用いられることが少なかったのは，日本で長く用いられてきたコッホの最初の日本語訳（1952；訳1970）に筆跡学に関する記述が乏しかったこと，日本の筆跡学との違いなどが上げられる。コッホは読者が筆跡学の知識を十分に

もっていることを前提にしてバウムテストの本を書いたようである。わが国で描画解釈に筆跡学的知見が用いられてこなかったのは，日本の筆跡学が筆跡鑑定という言葉からもわかるように，性格分析よりもむしろ「誰が書いたものか」を判断する傾向にあるからなのかもしれない。正直なところ，筆者自身，日本の筆跡学についてあまり知らないので断言はできないが。ところで，アメリカでも筆跡学の研究はあまり進まなかったようである。ボーランダーは「筆跡学の研究が，不幸にして『ペテン師』を連想させ，心理学の訓練を受けて，同時に筆跡の分析に熟練した人がきわめて少ないので，パーソナリティの研究法としての筆跡学は，少なくともアメリカにおいてはあまり発展しなかった」と書いている。

描画研究とバウムテストの関係について，コッホはバウムテストの「考察は表現の形式についての科学的研究，さらには筆蹟学の基礎のうえにたってはじめて可能になった」（1952；訳1970）と書いている。彼は筆跡学的知見が描画研究に役立つことを指摘して，「書字の領域から，より空間に関係する描画の領域に移る時，絵画的表現によってこうむる変容を研究すれば，描画における特徴の意味について，われわれの知識の妥当性を検討し，それを豊かにすることに役立つであろう」と述べている。筆跡学が対象としている文字の線に関する知見を，描画の描線に関しても同じようにあてはめて解釈してよいかという問題提起でもある。この点について，ダヴィド（1976；訳1984）は彼の「子どもの絵」に関する著作の中で，絵を無意識的文字と理解し，次のように述べている。「絵を描くとは，誰しもあえてしようとはしない仕方で字を書く1つの方法である。なぜなら文字というものが誰にでも読めるように標準化されているのに対し，絵はより大きな行為の自由を残しているからである」。絵は文字に比べてより自由であるとは，文字は学習の影響を蒙るためであり，その影響が少ないのが絵の描線である。ヨーロッパの筆跡学は性格分析に使われるため，絵が無意識的文字であり，絵に用いられる描線も筆跡学的解釈を援用できると考えられるのである。筆跡学者でもあったカスティーラは，次のように書いている。描画は「自然発生的な表現であり，筆跡（身につけた様式，学校での書法，例えば〈御心〉といった字のようにある種の教育から与えられるイメージ，社会的環境あるいは両親と同一化する欲望）よりもずっと自由な表現で，投影の解明に役立つ」。とは言っても，描画の中に性格のあらゆる面が表現されるわけではない，ことも確かである。筆跡から心理的傾向は繊細な形で現れ，しかも描いた者の文化程度，精神力動，勇気，誠実さなどは

見つけることができる。

次からは，筆跡学の歴史，筆跡学のアイテム，筆跡学的知見の描画解釈への援用，描線のサインについて述べていく。

1. 筆跡学の歴史
1）独仏の筆跡学

1930年頃にコッホのバウムテストの理論的基礎の1つとなる筆跡学に関して，2つの著書がドイツとフランスで刊行されている。1931年に，後にコッホが援用することになる空間象徴理論のマックス・パルヴァーの著作が出版された。原本は入手していないが，この本のフランス語訳を読むと，1つの文字の上部が知的領域，中央部が感情領域，下部が無意識・本能の領域に分類されている。空間象徴理論では，意識，無意識という言葉が用いられているが，これは精神分析の影響を受けていると思われる。その著書『筆跡の象徴』（1931）には次のような記載が見られる。要約すると以下のような内容である。

「フランス学派は筆跡学を人間観察と理解のために役立つと考えていた。その意味でドイツの筆跡学はフランスのそれに比べて遅れていた。しかしフランスの筆跡学者たちは心理学をあまり評価していなかったのである。ドイツ学派は当時隆盛を極めたヴント心理学や現象学的心理学と結びついていく。この頃の筆跡学における重要な研究としては，アルブレヒト・エルレンマイヤー医師の『筆跡学』（1879），生理学教授ウィルヘルム・プレイヤー『筆跡学の心理学への貢献』（1895），さらにゲオルゲ・マイヤー博士による『筆跡学の科学的基礎』（1901）があるが，どれも当時の心理学的経験主義の色彩が強い。クラーゲスの『筆跡と性格』が出版されたのは1917年である。クラーゲスは1900年頃のドイツの学問状況に縛られていて，彼の方法はデュルタイの影響を受け，ジンメルの性格学的概念に近い。ここに紹介した人々には2つの特徴が見られる。ひとつは現象学的視点を知らず，経験主義と心理学的現実主義がごっちゃになっていること。もうひとつは精神分析（フロイト）やその分派（アドラー，ユング，シュテーケル）の考え方を思弁的であるとして受け入れなかったことである」。

マックス・パルヴァーと同じ時期に，フランスでその後の筆跡学の基礎をつくったのがクレピュー＝ジャマンである。1930年に出版された『筆跡学入門』の序文には次のよう

に書かれている。「筆跡学は筆跡による性格研究である。この学問は1622年にイタリア人Camillo Baldiが書き留めた小冊子に始まり，その後ゆっくりと発展していった。1871年，ミション神父の名前で最初の論文が発表された。彼はパリのノールダム寺院で説教をおこなっている」。

現代から見れば，マックス・パルヴァーとクレピュー＝ジャマンは，ドイツとフランスそれぞれの筆跡学を確立させた人なのであろう。筆跡学による性格分析はフランスが先行し，心理学と結びついたドイツが追い越すという歴史的流れかもしれないが，この2つの学派では分析の仕方が違うような気がする。筆跡学にそれほど詳しくない筆者がなぜそのように感じたかといえば，おそらく最近翻訳が出版された2人の筆跡学者のことが気になっているからである。それはアヴェ＝ラルマンとカスティーラである。2人ともバウムテストに関する著作もあるが，例えば描線の分析についてアヴェ＝ラルマンが描線の構成要素を分析しているのに対して，カスティーラは描線をサインと見なし，それぞれの特徴ある描線に性格用語をあてはめている。その描線はストラが抽出したサインを基礎にしている。アヴェ＝ラルマンは，象徴と直観に基づく仮説を提示し，その後で述べる所見は名人芸を思わせる。

2) バウムテストと筆跡学

ところでコッホやエミール・ユッカーが学んだ筆跡学はどのようなものであったのだろう。コッホは著作の序文で，チューリッヒで職業カウンセラーをしていたユッカーの言葉を引用している。ユッカーは1928年頃からこのテストを使ってきたが，「木を描かせる」方法は，彼の経験と文化とりわけ神話の研究に基づくもので，膨大な経験的な観察を行い，直観的に相談者の問題を指摘したり，性格を見抜いたという。さらにコッホ自身，この「方法の考察は表現の形式についての科学的研究，さらには筆跡学の基礎の上に立ってはじめて可能になった」と述べている。ユッカーやコッホが考えていた筆跡学はクラーゲスのそれに近いのかもしれない。テスト的方法によって筆跡を鑑別するのではなく，直観的に無媒介的に理解しようとしたのだろう。コッホがユッカーに学んでいた1928年頃から3年経た1931年に精神分析的な考えを取り入れ，空間象徴理論を展開したマックス・パルヴァーの著作が出版された。これをフランス学派と比べてみると，空間象徴と描線の分析について，同じ筆跡学と言いながらかなり違う印象を受ける。クレピュー＝ジャマン

の著作には「空間象徴」に関する記載がない。現在筆者の手元にあるフランスで出版されたプジョーらの『筆跡学マニュアル』(1986)には「筆跡に関する空間象徴」の記載があり，「空間象徴は描画や筆跡の解釈について用いられてきており，その妥当性に関して何人かの研究者たちが検証している。とりわけ描画についてはバウムテストを用いたルネ・ストラの研究が有名であり」，さらに「スイスの筆跡学者マックス・パルヴァーは，この空間象徴に関して精神分析的な考えを取り入れて独自の筆跡学を構築したのだが，やや思弁的なところもある」と書かれてある。独仏の筆跡学における描線の分析の仕方や空間象徴の仮説に際立った違いが見られるが，それは描線のサイン，空間象徴仮説で述べることにする。

2．筆跡学のアイテム

日本にも筆跡学研究はあるが，ヨーロッパでは性格分析に用いられるのに対して，日本では，筆跡鑑定と言われるように，「誰が書いたものか」という個人の筆跡の特徴を探ることが主で，あまり性格分析に用いられないのではないかと思う。それにアルファベットを組合わせ，しかも単語間に空白をおいて書くヨーロッパの言語を分析するために用いる方法をそのまま日本語にあてはめるのには無理があるかもしれない。ただ漢字の練習では四角のマスにきちんと書くように教わるので，文字の形態は教育程度や訓練を反映すると考えられ，漢字や平仮名の描線を詳細に検討すると，筆圧，太さ，動き（筆勢），文字のバランスなどから書き手の性格が浮かび上がってくるような気がする。日本語の文字とアルファベットとの違いはいかんともしがたい。それに加えて筆跡学を描画に適用する際に，すでにコッホが指摘しているように，文字の線と絵に見られる描線を同じように分析してよいかという問題もある。ここではカスティーラとバスタン（1990）の著書を参考にしながら描画解釈に参考になるような筆跡学のアイテムについて述べることにする。

1）アイテムについて

筆跡学の分析アイテムを列挙してみよう。描線，動き（運筆，リズム），空間（配列，連続性，大きさ），形態，構成，調和，統一性，方向などである。描線は，文章を書く際に無意識的なものであり，身体的精神的緊張に由来する。気分，感情などによって変化するが，意図的に変えようとするのは難しい。動きは情緒や心的態度を反映し，リズムは社

会適応状態を反映する。同時に文や文字のまとまりを創り出すものであり，安定していれば，書き手は状況を把握し，アイデンティティが確立していることを示している。うまく適応できなければ，リズムは弛緩してしまう。柔軟性のあるリズムは病理的なものを排除するが，病理的なものがある場合にはまず描線とリズムがその影響を受ける。具体的には，〈なめらか－ぎこちなさ〉，〈素早い－ゆっくり〉，〈広がりのある－縮こまった〉文や文字になる。アルファベットは26文字の組合わせで，しかも単語は隣接する前後の単語との間にスペースがあることで1つずつの単語だと認識できるが，スペースがなかったり，1つの単語を構成する文字の間が空きすぎたり，文字が上下に大きくはみ出したりして書かれることがある。これが構成（オルドナンス）の問題であり，社会的枠組みや成長過程では超自我の確立と関連している。形態は文字の中で最も意識的に選択できるものであり，青年期では親や教師や友人の字を真似ることもあれば，急いで書こうとすると字の形態は変化し，より個性的なものになる。これは判断力，思考様式，教養程度や価値観を反映している。

これ以外に文字の方向，つまり斜めに書いたりしたもので，われわれ日本人が英語の書字を学ぶ時に，アルファベットを少し右方向に傾けて書くように教わったりする。カンマやピリオドの書き方，tの横棒，iの点なども注目しなければならない。文の構成や調和，それに統一性などは文章を全体的に検討する上でのアイテムであり，構成（オルドナンス）は知的機能（判断力，記憶，論理，分析，統合）を反映し，アイテムを検討し調和がとれていることが病理性を排除する。

2）文字の形態と性格

筆跡を発達段階から検討して，口唇期的筆跡，肛門期的筆跡，男根期的筆跡，エディプス的筆跡に分類できる。口唇期的筆跡とは大きめの文字で丸くふんわりとしていて筆圧が弱い描線で，このような描線を書く人はわがままな人かもしれない。肛門期的筆跡は横方向に文字が広がっていて，筆圧はふつうの描線である。しっかり者あるいはけちな人である。男根期的筆跡は縦方向に延びて直線が多く筆圧も強い描線で，役割意識の強い人，あるいは攻撃的な人である。エディップス的筆跡とは女性が男性的な感じの描線や形態の文字を書いたり，あるいはその反対の場合である。

フロイトの発達理論と性格を参照しながら，カスティーラとバスタンが筆跡あるいは文

字の形と描線の特徴などを分類している。アイテムとしては，文字の大きさ，筆圧，運筆，直線と曲線が上げられる。

a）口唇期タイプ：丸みが多く，文字は概して大きい。筆圧は強くない。空間的には左の余白よりも右の方が広い。tの横線が薄い。

b）肛門期タイプ：かっちりとした文字。動きはよくコントロールされている。描線は濃いか薄い。文字の大きさは概して小さい。角張った曲線。行は下がっていく。筆圧は強い。空間的にはバランスがとれている。tの横線が棍棒状。

c）男根期タイプ：文字の縦方向が強調される。社会参加，肯定感，役割意識を表現している。形態の選択にはまだ戸惑いがある。

3）疾病と筆跡学的アイテム

カスティーラとバスタンはいくつかの疾病に罹患した人々の文章に見られる筆跡学的アイテムを検討し，それぞれの疾病について変化が出現しやすいアイテムを紹介しているので表1にまとめてみた。描線と形態に変化が見られることが多いようである。

表1　各疾病で変化しやすい筆跡学的アイテム

	描線	リズム	形態	方向	連続性	オルドナンス (ordonnance)	文字の大きさ
うつ病	○	○	○	○			
躁病	○	○				○	○
循環気質	○	○	○	○	○	○	○
不安	○	○	○	○	○		
恐怖症	○						
強迫神経症	○	○	○				
ヒステリー	○	○	○	○		○	
パラノイア	○	○	○	○	○	○	○
統合失調症	○		○	○	○	○	○
精神病質	○		○	○	○	○	
攻撃性と犯罪者	○	○					
アルコール依存	○		○	○	○	○	○
過食症	○		○	○	○	○	○
てんかん	○		○	○	○		○

4）筆跡学と症状

ここでは不安と抑うつの症状をもつ人の文章に見られる筆跡学的アイテムがどのように分析されるかを紹介しよう。

a）不安を抱える人の文章（筆跡）

〈筆圧〉：極度に強いか弱すぎる。

〈空白の部分〉：少なすぎるか多すぎる。

〈描線〉：黒すぎる，暗すぎる，重い，何かに嵌り込んだようなもの。あるいは，明るすぎる，軽すぎる，筆圧のほとんどない，恐れや抑制を表現している。

〈リズム〉：停滞，消失。

〈形態〉：構造に欠ける曖昧な形態（口唇期タイプの文字，口唇期タイプは左の空白よりも右の空白が広い）。がっちりしすぎて無駄が多い。文字のねじれ（自己肯定感の欠如）。

〈方向〉：あまりに横に傾いた文字は他者の支えを必要としていることを表現している。

〈配列〉：隙間なく書かれた文章は空白を恐れ，常に何かで埋めなければ気が済まない。あまりに空白がありすぎるのは孤独感，見捨てられ感情，他者との接触困難を表現している。

〈連続性〉：不安の強い人はつねに遮断される感覚の中にいる。リズムは消失し，描線は切れ切れになり，文字が並列に並ぶ。

〈カンマやピリオドなど〉：カンマやピリオドが黒く大きく，あるいは縦長に鋭い場合は自己に向かう攻撃性を表している。

カスティーラはバウムテストにおける不安のサインとして，濃い陰影（地面のライン，根，幹，枝，茂み），強い筆圧あるいは殴り書きの描線，小さな木，用紙の左側に位置する木，不連続な描線，葉の密生している木，葉のない枝を上げている。このうち筆跡学的アイテムから取り出したのが，濃い陰影，強い筆圧あるいは殴り書きの描線，用紙の左側に位置する木，不連続な描線である。

b）抑うつを抱える人の文章（筆跡）

〈描線〉：色が薄く，淡く，筆圧が弱く，これは疲労，興味の欠如，離脱を表現している。時には描線が黒く，重いこともあるが筆圧よりものろさを感じる。

〈動き（運筆）〉：でこぼこした，乱雑な，軽い揺れを伴う場合には，抗うつ薬による

治療の影響が考えられる。jambage（文字の縦線）（図 31）の伸びが萎縮しているのは，生命エネルギーの喪失を表している。

〈リズム〉：柔軟な躍動感を失い，動きが滞り，文章が進まない。

〈形態〉：縮んで小さくなる傾向。脱落，未完成な単語，文字にねじれやでこぼこ。

〈方向〉：風になびく，あるいは曲がりくねった，時には漸減しながら重なりあう。行が下がっていく。抑うつに抗うように行が上がっていくこともある。

3. 描線のサイン
1) 各研究者による描線に関する心理学的意味
a) コッホ「筆跡学的類推」

〈不連続な線〉：神経質な人，情緒的に動揺しやすい人。

〈棍棒状の書字〉：荒々しさ，禁止，対立，弱さ。

〈外に向かう太い線〉：外向的で衝動や本能を表に現す。

b) ボーランダー「ストロークとラインの性質」

ストロークの性質と形

〈薄く正確に描かれて十分に分化したラインの組み合わせ〉：注意深く，権威に従う。

〈太くて濃いストローク〉：たくましく発達した自我，明確な自己主張。

〈力動的で早く描かれ不正確で分化していないライン〉：活動的，衝動的。

ラインの描き方

〈連続〉：健常。

〈細かなラインが接近〉：自信欠如，不安，創造性。

〈破線〉：無力感，神経質。

ラインの形

まっすぐ，曲がっている，角張っている，波型，スクリブル。

c) アヴェ＝ラルマン「筆跡の乱れ」

描線の引き方，筆跡のタイプ，筆跡の乱れ，平面の処理。

有名人の筆跡

クレピュー＝ジャマン『筆跡学入門』は，p.65の表1で示した筆跡学のアイテム，つまり描線，リズム，形態，方向，連続性，構成（オルドナンス），文字の大きさなどについて，有名人の筆跡を例に挙げながら説明した本である。670ページもある浩瀚なこの著作には膨大な数の有名人の筆跡が掲載されている。ここでは，その中から私たち日本人に馴染みのある人物の筆跡を取り上げてみることにした。

ナポレオン①
陸軍中尉時代の彼の筆跡は，パラグラフが整然としていて，文字の形も整っていた。この筆跡は皇帝になってからのもの。横溢したエネルギーに満ちあふれて，そのために構成や文字の形が無視されている。オルドナンス（ordonnance）は，「社会的枠組み」や「成長過程での超自我形成の過程」と関連する。

ナポレオン②
村を焼き払った時の筆跡。持続性が強く，単語間の空白が少ない。文字は矢のように鋭く，ギスギスしている。

ルネ・パスカル
文字に立体感があり，矢のような描線である。あっという間に書かれたスピード感のある筆跡である。

ルイ・パストゥール
気品のある文章で，整然としている。文字が縦方向で読みやすい。左右の余白スペースに差がある。

第 2 章　バウムテストの作業仮説

ジョージ・ワシントン
運筆が速く，あっという間に書き上げている。文字が省略されている。

ジャン＝フランソワ・ミレー
黒々とした描線で運筆は早い。文字の大きさが不均等で単語間の空白が不明瞭である。

ルイ 14 世
行が下に凸で抑うつ状態である。下段は極端に右上がりになっている。

マリー・アントワネット
行の終わりが下がる。ゆっくりとした描線でエネルギーが低下している。

2）描線と用紙の関係

筆跡と性格についての研究は，フランスにおいて20世紀後半に盛んになるが，その早い時期の研究者であるヘガー（1962）は，用紙の中で使われている描線を分析することで，用紙そのものが被検者にとってどのような意味があるかを検討し，以下の3つの意味があると指摘している。

a）〈軽やかさと強さ〉〈筆圧の弱い描線と筆圧の強い描線〉：抵抗を感じる母親的対象として用紙を受け止めている。

b）〈すっきりした描き方とゴテゴテした塗り方〉〈明瞭な描線あるいは曖昧なぼやけた描線〉：用紙の表面を何かで埋めなくてはいけない空間，行動の場として受け止めている。

c）〈能動性と受動性〉〈スピード感のある描線，直線，ゆっくりとした動きの描線，曲線〉：用紙を抽象的な，あるいは非現実的な現象と見なしている。

ヘガーが指摘したこの2項組合せの描画にしばしば出会うことがある。a) は母子関係の問題，b) は強迫性，c) は解離的な表現を考えさせる。

3）描線を読む際の基本事項

描線の観察には注意力が要求される。というのも，例えば筆圧が強いか弱いかによって，描画サインの意味が変化するからである。

a）判断すべき事：何種類の描線が使われているか？

　筆圧の強弱。筆圧の違いがそれぞれ木のどの部分に用いられているか（樹冠，幹，地面，根）。筆圧の規則性と変化。描線の運筆が速いか遅いか。描線の両端の形状。

b）一般的規則

　幹の筆圧が強いことは，承認欲求，能動的態度である。筆圧が弱いのは，受動性，承認欲求の弱さ，場合によっては臆病さを示している。幹の描線の筆圧が一定しない場合は，内的矛盾を表し，もちろん，行動面でも同じことが言える。

c）標準的な見方

　幹の筆圧が強ければ，それだけ根や樹冠の筆圧が弱いことである。

　幹よりも筆圧が強い樹冠を描く被検者は，問題を抱え，そのために自分が行動することで傷つくのではないかと悩んでいる。

　根の筆圧が強ければ，それは抑圧，エネルギーの枯渇を意味し，内的葛藤と関係がある。

d）描線の両端

　描線の端が滑らか，鮮明，あるいは歪かによって解釈を考えなければならない。周囲に対して，影響を受けやすいか，防衛がなされているかを斟酌しなければならない。木のデッサンを構成している描線でも「持続性」が検討される。

　幹の描線は，以下のような描線が考えられる。

〈一筆で，停滞しない，修正しない描き方〉：筆圧が強く運筆が速ければ，こうした描き方になる。

〈停滞〉：描線の交差が見られることが多い。躊躇，罪責感，失敗，あるいは作業の継続への拘り。

〈中断（切れ切れの描線）〉：恐怖感や重い抑制を表現している。

4）ストラ，カスティーラによる描線のサイン

　ストラとカスティーラが示したバウムテストにおける描線のサインは，すでに述べたコッホ，ボーランダー，アヴェ＝ラルマンによるものとはかなり異なる。ストラは統計的手法により描線の心理学的意味を抽出した。サインを見てわかるように，描線の性質だけでなく，描線が木のどの部分に使われているかによって意味が異なる。カスティーラはストラの業績を踏まえつつ，1980年代に研究が進んだ筆跡学的知見を盛り込んでいる。

a）ストラのサイン

［サイン125. 棍棒状の描線で描かれた樹冠］

［サイン126. 棍棒状の描線で描かれた幹や地面］

［サイン127. 矢のような鋭い描線で描かれた樹冠］

［サイン128. 矢のような鋭い描線で描かれた幹と地面］

［サイン129. 右側や上部に向かう矢のような鋭い描線］

［サイン129b. 左側へ向かう矢のような鋭い描線で描かれた樹冠］

［サイン130. 下方へ向かう矢のような鋭い描線で描かれた樹冠］

［サイン131. ぼんやりとした描線で描かれた幹］

［サイン132. 幹はぼんやりとした描線，樹冠は明瞭な描線］

［サイン133. 筆圧の弱い描線で描かれた幹の内部］

［サイン134. 筆圧の弱い描線で描かれた樹冠］

[サイン 135. 明瞭な直線で描かれた幹の輪郭線]

[サイン 136. 曲線で素早く描かれた幹の輪郭線]

[サイン 137. 曲線でゆっくりと描かれた幹の輪郭線]

[サイン 138. バーミセリ（細いパスタ）のような描線]

[サイン 139. 安定しない歪んだ直線で描かれた幹の輪郭線]

[サイン 139b. 安定しない歪んだ直線で描かれた樹冠や根]

[サイン 140. 安定した直線で描かれた幹]

[サイン 141. 破線で描かれた幹の輪郭線]

[サイン 142. 多種類の描線で描かれた幹の輪郭線]

[サイン 143. 筆圧の強い描線で描かれた幹の輪郭線]

b）カスティーラのサイン

カスティーラは描線が木のどこの領域に用いられたかを考慮せず以下の意味を上げている。

〈鋭い描線〉：神経過敏，攻撃性。

〈ギザギザした描線〉：神経過敏，攻撃性。

（この２つの描線を比較すると，「ギザギザした描線」は「鋭い描線」に比べて筆圧が強く，幾分太い線を示している）。

〈不連続な描線〉：神経過敏，不安。

〈線影を付けた描線（木に立体感や陰を付けるための描線で，短かく濃い線を言う場合が多い）〉：神経過敏，不安。

〈筆圧の弱い描線〉：抑うつ傾向。

〈細く薄い描線〉：感じやすさ。

〈黒ずんだ描線〉：神経過敏，攻撃性。

〈繰り返しなぞられた描線〉：神経過敏，固執傾向。

〈何度も書き加えられた描線〉：神経過敏，不安。

〈殴り書きの描線〉：神経過敏，抑うつ傾向。

〈震える描線〉：アルコール依存。

〈蜘蛛の糸のような描線〉：興奮しやすさ，神経過敏。

〈不規則な描線〉：神経過敏。

Ⅳ 空間象徴から空間図式へ（理論,木の大きさ,位置,はみ出し）

1. 各研究者の考え方
1）コッホが用いた空間象徴理論
バウムテストにおける空間象徴について，コッホはマックス・パルヴァーの「十字象徴」，村テスト，置きテスト，グリュンヴァルトの空間図式を用いている。

　a）マックス・パルヴァーの「十字象徴」

1931年に出版された『筆跡の象徴』の中で，1つの文字を図31のように上下左右の方向に分け，つまり十字形の象徴を議論している。

　そのうえで，十字の方向がどのような意味があるかを示したのが，図32である。

〈中心－左〉：過去（忘れられた，排除された）。自我と過去との関係。内向性。

〈中心－右〉：将来，未来（望むこと，あるいはわれわれに開かれている未来）。自己と未来の関係。目的。外向性。

〈上方〉：精神性（宗教的倫理，宗教的感情）。知性化。

〈横方向（中心－左－右）〉：目覚めた意識。感受性。利己主義－愛他主義。内面的な感情が意識される。さまざまな感情状態（精神主義的であったり，周囲に適応した感情）。

〈下方〉：潜在意識。無意識。物質性。夢。

　マックス・パルヴァーの十字形について，コッホは「彼は精神と心と体という古くからある三分化を，文字観察に発見したのである」と書いているが，私はむしろ1931年の出版という時期を考えれば，精神分析の影響を受けており，三分化したのは超自我，自我，エスに分けたように思う。そう考えてみると，「年齢による樹冠と幹の変化」で示されたように，発達時期によって樹冠と幹の高さが変化することも理解できる（図33）。

　b）村テスト

　村テストは，元々あるイギリスの心理学者が子ども向けに創案した，砂の入った箱の中にさまざまなアイテムを入れたもので，1925年にイギリスの小児科医でクライン派のマーガレット・ローエンフェルドが世界技法と名付けた。その後，スイス人のドラ・カルフがユング心理学を基盤としてさらに発展させ，「砂遊び療法」（Sandplay Therapy）として確立した。日本では箱庭療法と呼ばれている。村テストはヨーロッパやアメリカで使いや

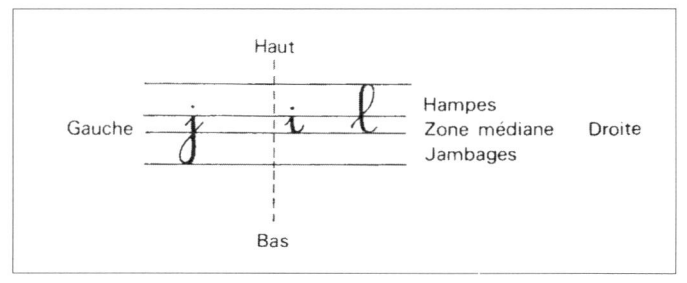

図31　文字の十字方向

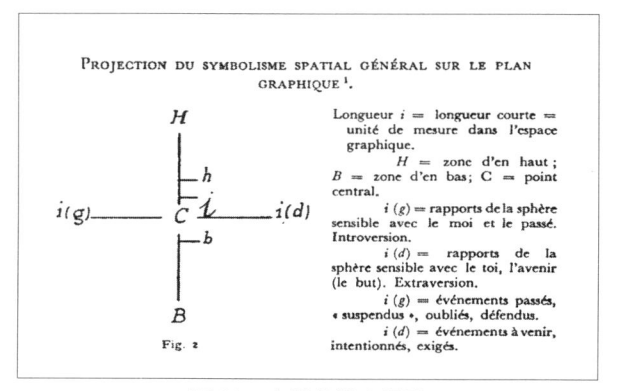

図32　空間象徴の投影

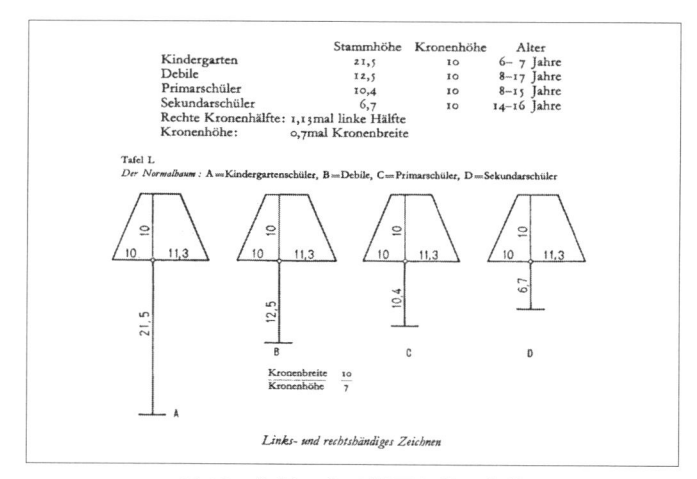

図33　年齢による樹冠と幹の変化

すく簡略化していき，フランスではアルチュス，マビユの研究があり，フォーレは精神病者に村テストを実施している。2〜5人くらいの集団で実施されることが多く，木でつくられた135のアイテムを80cm × 80cmのテーブルに置き，用意されている20の質問をするものである。その後，被検者と会話を行う。

コッホは「アルチュスの村（村落）テストに用いられる投影図式との対応関係はわずかにとどまる」としている。

c）ミカエル・グリュンヴァルトの空間図式

コッホは，「十字の図式のあまりに単純な方向だけではすまないことがわかるだろう。少なくとも，原初が左側，未来が右側に，同一平面上にあるという見解は，曲解であることが実験で示されている。置きテスト（Legetest）を手がかりに，空間象徴を実証的に示したのは，美術史家のミカエル・グリュンヴァルトの功績であるが，この図式は，描写技術という点でも，被検者の自発的な言葉からも，繰り返し，自然なものに感じられることがわかった」と述べている。また，「グリュンヴァルトの投影図式は，創案者の講義と私信に基づいて，本書では私がかなり簡素化した」とも書いている。つまりミカエル・グリュンヴァルトの著作は出版されていないのである。コッホの本の文献にも載っていない。フランス語のバウムテストでは，このグリュンヴァルトの空間図式を「コッホ・グリュンヴァルトの空間図式」と書いている。グリュンヴァルトとは何者なのか，美術史家というならば美術関係の著作がありそうなものであるが，私はまだ見つけていない。

さて，グリュンヴァルトの空間図式である。図34に示したが，コッホ自身グリュンヴァルトから教えられ，しかも簡略化したと言うのだから，コッホ・グリュンヴァルトの空間図式とした方がいいような気がする。

用紙上に描かれた木を十字形からではなく，長方形の空間から読もうとする。しかも置きテストの影響だと思われるが，左下を起源，出生，そして右上を終末，死としている。さらにマックス・パルヴァーの十字形から見ると，左右の意味において，左側に母親，右側に父親を付け加えている。それだけではなく，バウムテストを読む上で，もっと重大な問題が提出された。マックス・パルヴァーの十字形は，アルファベットの文字からのアナロジーであるので，描画された木そのものの上下左右の象徴的意味であったのが，コッホ・グリュンヴァルトの空間図式（図34）になると木そのものだけでなく，描かれた木の用紙

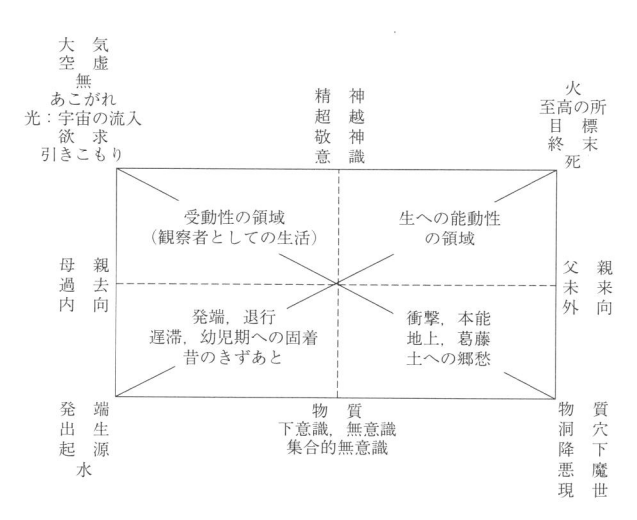

```
          大 気
          空 虚
            無
          あこがれ                                      火
          光：宇宙の流入            精 神             至高の所
            欲 求              超 越               目 標
          引きこもり            敬 意               終 末
                            意 識                 死
                ┌────────────────┬────────────────┐
                │╲               │               ╱│
                │ ╲ 受動性の領域  │ 生への能動性   ╱ │
                │  ╲(観察者として│   の領域      ╱  │
                │   ╲の生活)     │             ╱   │
      母 親    │    ╲           │           ╱    │  父 親
      過 去 ─ ─│─ ─ ─ ╲─ ─ ─ ─ ─┼─ ─ ─ ─ ─╱─ ─ ─ ─│─ ─  未 来
      内 向    │      ╲         │         ╱      │  外 向
                │   ╱  発端，退行 │ 衝撃，本能 ╲   │
                │  ╱  遅滞，幼児期への固着│地上，葛藤 ╲  │
                │ ╱   昔のきずあと│  土への郷愁  ╲ │
                │╱               │               ╲│
                └────────────────┴────────────────┘
          発 端                物 質              物 質
          出 生              下意識，無意識         洞 穴
          起 源             集合的無意識          下 降
            水                                   悪 魔
                                                 現 世
```

図 34　コッホ・グリュンヴァルトの空間図式

上の位置による解釈にも用いられるようになったのである。木そのものの上下左右だけでなく，用紙上の位置からも，例えば左側であれば母親・過去・内向，右側であれば父親・未来・外向の意味を採用することになっていく。

　コッホは「空間象徴をうまく適用できる典型例」として「事例 E　男子 15 歳」の描画例を挙げている。

　事例 E に関するコッホの所見が興味深い。「紙の左上の領域への配置：この徴候には，回避の傾向，退却の傾向，現実との直面化から逃避する傾向がある。……右強調：右上方を指し示す大きく広がる枝ぶりは，成功への意欲と目標を求めようと努力することを指示しているが，それはいずれも，現実に存在している受動性と対立している。……アンビヴァレンツ［両義性］のイメージが表されていて，意志（右強調）と非意志（左上の領域の強調）の間で揺れている」と書かれている。繰り返しになるが，木の描画にも用紙上の位置にも，この空間図式が援用されているのである。さらに興味深いのはコッホは空間に関する指標を上げていないことである（第 7 章のサイン一覧参照）。コッホの指標は象徴とサインの中間にあるような気がする。空間象徴と言うと，その意味するところは，もっと多義的・多層的にならざるを得ない。コッホはグリュンヴァルトから教えを受けて，よ

り簡略化する過程において，空間の問題を指標として上げなかったが，より空間図式的に，つまりサイン化していったのだろう。コッホの翻訳を見ると，空間象徴と空間図式という言葉が混在している。原文を忠実に訳しているとすれば，コッホ自身が象徴と図式の間を揺れ動いていることになる（図35）。

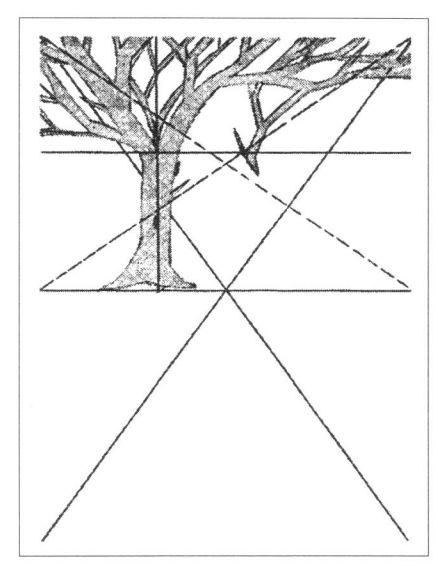

図35　事例E　男子15歳

2) アヴェ＝ラルマン

　コッホよりも象徴的解釈という点では徹底していたアヴェ＝ラルマンは，空間の問題について比較的あっさりと述べている。木の描画の上下左右と用紙上の位置について，一応分類はしているが，アヴェ＝ラルマンは，コッホのように空間図式を意識していないようである。

a）木の描画

〈左側面〉：固有の自己（心的内面領域）

〈右側面〉：親しい人（パートナー）との関係・体験，外的世界との関連で「前に向かっている」

〈上部（樹冠，幹の上部）〉：人格発展を象徴

〈下部（根）〉：死活に関わる意味，固着した存在と庇護された存在

b）用紙上の位置（図36）

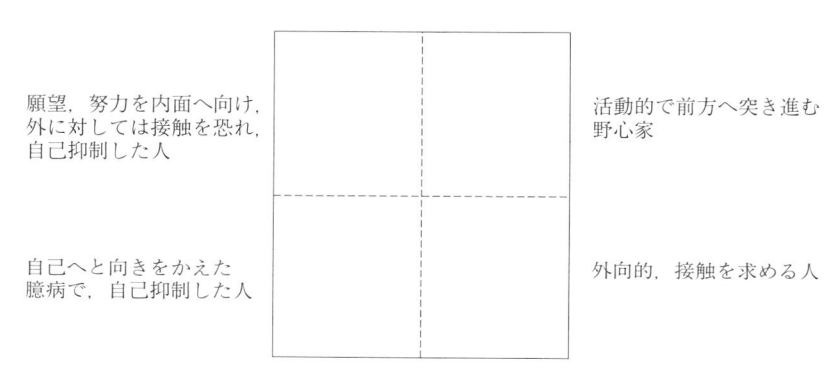

願望，努力を内面へ向け，外に対しては接触を恐れ，自己抑制した人	活動的で前方へ突き進む野心家
自己へと向きをかえた臆病で，自己抑制した人	外向的，接触を求める人

図36　アヴェ＝ラルマンの用紙の象徴性

3）ボーランダーの空間象徴

ボーランダーは「第6章　空間と木」の章で，用紙の「領域と区域」「用紙の象徴性」および「用紙上の木の位置」「はみ出し」について述べている。しかし，コッホが空間図式を述べる際に引用したこれまでの作業仮説をほとんど示していない。コッホ・グリュンヴァルトの空間図式に類似した指摘が多いようである。彼女がなぜ「用紙の象徴性」を12分割して，それぞれの区画にさまざまな意味をあてはめたのか，理解に苦しむ。ただ区域に関する考察の部分を読んでいると，空間のもつそれぞれのディメンジョン構造が見えてくる。例えば，用紙の左右方向について，時間のディメンジョンで見ると，左から右方向へとあたるのが過去から現在へ，そして性のディメンジョンで見ると，左が女性原理で右が男性原理である。上下方向では下が本能領域，中央が情緒領域，上方が精神領域

であり，これはマックス・パルヴァーの十字形における縦方向と同じ意味である。縦方向の時間のディメンジョンについては下方が過去，上方が現在や未来となる。上下方向と左右方向のどちらにも時間のディメンジョンがあるが，左右は心理的な時間の流れ，上下は実時間の流れと仮定している。こうした指摘は，用紙の象徴性を多義的・多層的に見ることを示している。図示すると図37のようになる。描画を読む際に，それぞれのディメンジョンを意識して解釈を加えるとかなりすっきりするようである。これは用紙上の位置だけでなく，木の描画自体についても言える。例えば，樹冠と幹と根といった縦方向の対比だけでなく，樹冠輪郭線の左右差，幹輪郭線の左右差，根の左右差についてもディメンジョンを意識するとよい。

　木の輪郭線について，カスティーラは，右側が左側に比べて濃い描線の場合，「現実に物理的環境で不自由さ」を表現し，反対に左側が濃ければ，「過去の問題を現在も引きずっている」と指摘している。これは時間のディメンジョンで見ているのである。根もとの左右のふくらみを検討すると，左が膨らんでいれば幼少期の「母親への愛着」，反対に右が膨らんでいれば「父親への愛着」になり，それは性のディメンジョンからの解釈である。

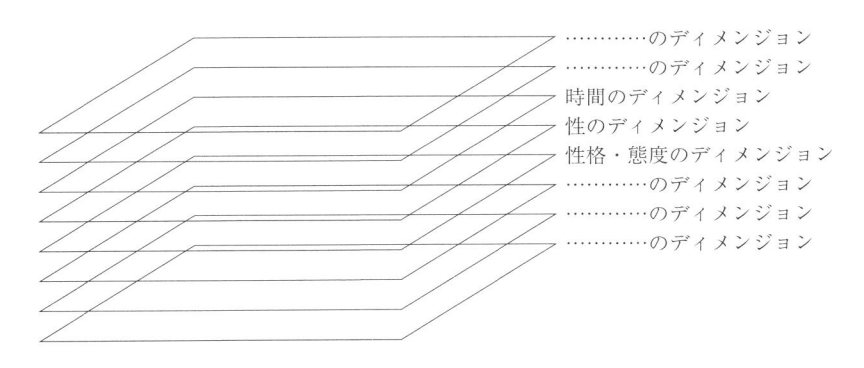

図37　用紙や木の描画の多層的ディメンジョン

4）ストラの空間図式

　ストラは彼女が作成した「情緒成熟度尺度」から，「左に位置する」のは男児では10歳頃によく見られ，「右に位置する，やや右に位置する」のは4〜5歳，「やや左に位置する」の

第1区分	第2区分	第3区分	第4区分

図38　ストラの用紙の分割

は11〜13歳と述べている。ストラは発達の指標を目指したのではなく，心理的問題と空間図式のサインをカイ二乗検定から導き出している。さらに用紙を横方向に4分割，縦方向に8分割し幹の中心がどこにあるかで用紙上の位置と心理学的意味を見いだしている（図38）。

ストラがサインとして抽出したのは，以下の9個である。

［サイン26. 左に位置する：幹全体が第1区分に位置している］

［サイン27. やや左に位置する：幹が用紙第1区分と第2区分にまたがっているが，第3区分にはみ出していない］

［サイン28. 中央やや左に位置する：幹が第2区分にあり，第3区分にすこしはみ出している］

［サイン29b. 厳密に中央に位置する：幹の中心線が透視図の中心線ときちんと重なっている。このような描画は稀である］

［サイン29. 中央やや右に位置する：幹が第3区分にあり，第2区分に少しはみ出して

いる]

[サイン 30b. やや右に位置する：幹が第 4 区分を占めているが，第 3 区分に少しはみ出している。あるいは，木全体が第 3 区分に位置している]

[サイン 30. 右に位置する：幹全体が第 4 区分に位置している]

[サイン 31. 上方に位置する：木全体が用紙の上半分に位置している]

[サイン 32. 下方に位置する：木全体が用紙の下半分に位置している]

　左右の問題について，例えば［サイン 26. 左に位置する］の意味について，「〔統計〕①母親に関する問題（いわば期待はずれの母親），両価的で依存的な愛着。②躾に関して，父親との問題。③さまざまな問題（死，離婚，父親不明，長期間にわたる単身赴任）について責任を取るべき父親がいない。厳格な父親，あるいは無関心な父親，ネチネチしていたり，暴力的だったりする。〔臨床〕④不安」を上げている。①～③は統計的に抽出されているが，母親と父親に関する「性のディメンジョン」から見たものと共通している。④は臨床から得たサインの意味となっているが，これはカスティーラも指摘しており，彼女によれば，筆跡学的所見として「不安の強い人は文字を左に寄せて書く傾向がある」ことから類推したようである。

　ストラのサインには，「斜め上方」や「斜め下方」といったサインはない。上下方向のサインを見てわかるように，「上方に位置する」あるいは「下方に位置する」木は用紙の半分以下の大きさでなければならない。統計的に有意差がないサインは採用されていないので，例えば右上方とか左下方に位置する木が出現した時，ストラのサインはない。ここで，前述したコッホの事例 E について考えてみよう。コッホは「紙の左上の領域への配置」について，「この徴候には，回避の傾向，退却の傾向，現実との直面化から逃避する傾向がある」としている。これに対して，ストラの［サイン 26. 左に位置する］と［サイン 31. 上方に位置する］の意味を検討すると，サイン 31 は「〔統計〕①抑うつ（あるいは悲しみ）と興奮（あるいは高揚感）が交互に見られる。②はしゃいだりして抑うつ気分を押さえ込もうとする。③じっとしていられず安定しようと懸命に努力する。④野心，あれこれと指示しようとする」であり，サイン 26 の意味と組み合わせても，コッホの意味とはかなり異なる。こう考えると，ストラのサインにない「用紙上の位置」についてはコッホやボーランダーを参考にしながら，空間象徴的に解釈しなければならない。

2. 木の大きさ

木の大きさについてコッホやボーランダーの表現は曖昧である。ストラは用紙を分割して，木の大きさを数量化している。ストラによる大きさの計測と定義を紹介する。

1）木の高さ

「木の高さ」は地面ラインがある場合には，そこから木の先端まで測る。根は木全体の高さに含めない。反対に，根があって地面ラインがない場合には，幹や樹冠と一緒に木の部分に含め，根から木の先端までを測る。したがって，地面ラインがない場合，根が大きいと「大きな木」になる。

2）樹冠幅

「樹冠の幅」は，用紙の横方向4つのマス目で区分される。樹冠の位置を占めている場所がどこかを見定める必要がある。

3）樹冠の高さ

「樹冠の高さ」は，用紙の縦方向8つのマス目で区分される。樹冠の高さは年齢と共に長くなる。

4）樹冠部と幹の関係

樹冠の高さと幹の高さの比率も検討しなければならない。樹冠が幹よりもずっと小さいこともあれば，幹と同じくらいのことも，あるいは幹よりも遙かに大きいこともある。幹よりも大きいとは，だいたい幹の2〜3倍の大きさの樹冠を言う。

ストラの「木の高さ」に関するサインを紹介してみよう。

　［サイン97. 木の高さ1　用紙の高さの1/4以下の高さ］

　［サイン98. 木の高さ2　用紙の高さの2/4以下の高さ］

　［サイン99. 木の高さ3　3/4の高さ］

　［サイン100. 木の高さ4　4/4の高さ］

サイン97のいわゆる「小さな木」についてストラは「〔統計〕①環境への依存，指示や支えの枠組みを欲しがる。②情緒的に子どもっぽい。③内気。④目立たずにいたいと望み，同時に反対に目立ちたい，評価されたいと夢想する」の意味を与えている。

3. はみ出し

　コッホが「はみ出し」について記載したのは，「上方へのはみ出し」と「下方へのはみ出し」である。ボーランダーとストラの「はみ出し」のサインを比べると興味深い。ボーランダーでは左右のはみ出しの意味は，ほどんど「性のディメンジョン」からの解釈である。つまり母親と父親との関係から繙いている。また用紙の3方向へのはみ出しについては，これを「病的な自己中心傾向や，躁うつ周期の躁状態の表現を示唆する」と述べているが，ストラでの3方向のはみ出しは発達段階で小学校低学年にしばしば出現するが，統計的には意味が見いだせないのでサインには取り上げていない。ストラは，用紙からのはみ出しについて，「いわば場所としての用紙の縁に触れていることを意味し，しかるべき場所に未完成のままになっている描画であり，調査結果からは『上方へのはみ出し』は不全感のために劣等感情の補償を強く求めている。『右側へのはみ出し』は，多くの場合，他者との接触におけるジレンマを意味するなど，『はみ出し』のサインはより明確な意味が読み取れる。このようにして『左側へのはみ出し』『下方へのはみ出し』についても，それぞれ異なる意味があることがわかった。実際にはこの3つの『はみ出し』の仕方では共通点があり，対象，状況への密着，一種の身体接触を持っていたいという強い欲求が見られる。このサインには，不満足感や拒絶された思いを和らげようとする感情が示されている」と述べている。性のディメンジョンからの解釈があるのは，〔サイン120．用紙の左側にはみ出している樹冠〕：〔臨床〕①身体的な自我感情。②接触欲求。〔統計〕③十分に甘えさせてくれず，神経質で，不安定で並はずれた思いこみで抑圧してきた母親に対する両価的な愛着。④母親に向けられた発作的な攻撃欲求。⑤精神病質的で独占欲が強い，あるいは攻撃的な母親像（母親からの拒絶）」だけである。

V　特殊サイン

　特殊サインでは擬人型，ウロ，性的表現について取り上げる。ボーランダーは「特殊サインと外部の要素」の章で，つぼみと花，葉，果実，樹皮，樹冠の下に生じる別の枝，地面の上に描かれる別の根，さまざまな傷跡，人間の身体やその一部，文字や数字，茂みや陰影に生じる星や十字などを列挙している。花や葉，果実や樹皮については木の象徴性に

関係し，それ以外のものについてはコッホもストラも「付属物」として取り扱っている。しかしストラでは擬人型も人の身体に関わるサインはまったくない。ここで1つ断っておかなければならないことがある。木が「人間のように見える」のと，描画に身体の一部が出現しているのはまったく別物である。身体の一部が表現され，最も頻繁に見られるのは，性器を思わせる形態である。それ以外では手，髪，眼なども見られる。これら身体の一部が何を意味するかは象徴的に解釈せざるを得ない。

1. 擬人型

バウムテストで描かれた木が「自己像」だとすれば，それが人間のように見えても奇妙とは言えない。しかも多くの被検者が木に見える絵を描いている。コッホは「人間の形にすること」（anthropormorphic）について次のように述べている。「これまでのところ，小さい子どもに見出されているが，さらに，いたずら描きとか，宣伝の絵，精神疾患の患者の絵にも見られる」。さらに精神疾患と関連させながら，「精神疾患の患者に見られるバウム画の人間化には，子どもに見られるような人間の形にするという早期徴候が再び現れてきたものだろうか，と。あるいは，完全な人格の喪失を前にして人間の姿にしがみついているのだろうか。はっきりした答えは，精神疾患患者の厳密で広範な研究が必要だろう」と述べている。

コット（1961）は，人物画とバウムテストの比較を行った研究の中で，子どもの描画の発達に関連して，バウムテストと人物画の共通性について報告している。子どものバウムテストは4歳頃から木の形態になり，バウムテストにおいて単線の幹が描かれる時は人物画でも単線で描かれ，2本線の幹が描かれる時は人物画でも2本線で描かれるなど，人物画とバウムテストの描かれ方が共通することを述べている。また，6～8歳においてバウムテストの幹と人物画の身体の描かれ方は類似し，樹冠が頭，根が足，樹冠内部の茂みが髪の毛のように見える樹木画が描かれると指摘している。

チロール（1965）は，16～18歳の非行少年を対象に，ストラによる4枚法でバウムテストを実施し，その結果，夢の木（3枚目）になって幹の部分が変化したものが全体の26％に見られ，そのうち50％では形態が象徴的なもの，つまり「擬人的で人間のように見える木」，「お金のなる木」，「クリスマスツリー」，「家の形をした木」があったと報告

している。そしてチロールは，ロールシャッハテストとのテストバッテリーの結果から，「擬人的で人間のように見える木」について，未熟さのサインであるとともに，父親のイメージにおそれを抱いているサインであると指摘した。また，「お金のなる木」は攻撃的でない被検者が描き，非行傾向を示す場合でも受身的で誘われて非行を行う傾向が強く，「クリスマスツリー」は，自己愛的で攻撃的な性格であることを示すものであり，「家の形をした木」はうつ病や自殺企図をする傾向の人が描くことが多いことも報告している。

　これまでの日本の研究では，藤岡・吉川（1971）が，幹先端処理の様式から類型化を行い，幹先端処理の標準的な類型として，「人型」，「放散型」，「冠型」，「基本型」の4つを上げている。「人型」は，上部の樹冠に加えて幹の途中からまるで手のように左右に枝が描かれている。彼らが4歳～11歳（509名）を対象に行った調査では，「人型」の表現は，4～5歳で14％，6歳で15％，7歳で13％で多く出現すると報告している。林（1985）は，「身体イメージ」とバウムテストについて，「絵を描くために与えられる画用紙の空間は，被検者の生活空間と同一視されることが考えられ，そこに描かれる樹木は，生活空間の位置関係をふくみ，かつ自己像が投影されると考えられる」と述べ，被検者の「身体イメージ」そのものが投影されていると見られる描画を載せている。

　擬人型の木について，普通の小学生と被虐待体験をもつ小学生を対象にして，われわれは調査を行っている（松岡，2008）。調査では擬人型を，木全体として人間のように見える形態をもつものと定義し，①顔が描かれているもの，②手のように見える冠下枝があるもの，③足のような根があるもの，④複数の木が人のような動作をしているように見えるもの，⑤木の形態をなさず動きがあることで全体として人のように見えるもの，の5つに分類した（図39～43）。3枚法では，①のみが夢の木に多く出現する傾向があったが，②～⑤は1枚目，2枚目，3枚目とも出現率にあまり差は見られなかった。

擬人型の木の5つの分類

図39　①顔　男児7歳

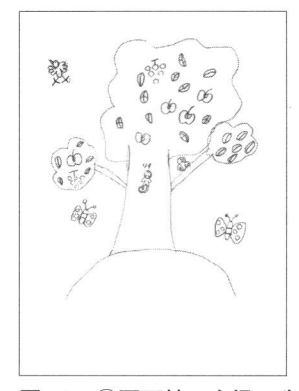

図40　②冠下枝　女児8歳

図41　③根　男児7歳

図42　④複数の木　女児8歳

図43　⑤動き　男児9歳

　擬人型の木は，形態的には「子どもっぽい木」あるいは「木に見えない」こともあるかもしれない。擬人型について，その心理学的意味はチロルが指摘するように，「父親のイメージにおそれを抱いている」サインである。父親による被虐待体験と擬人型の出現には関連が見られた。発達的側面から見ると，擬人型は小学校低学年児に多く出現し，それ以後の年齢で見られた場合は，知的，情緒的未熟さのサインと見ることができる。小学5，6年生になると「擬人的な木」の出現が再び見られ，これは思春期に入ったことによる父

親に対するイメージの変化が関連していると考えられる。3枚法における夢の木では，顔が描かれた「擬人的な木」が5,6年生で多く出現し，思春期における親への自立と依存の葛藤の中で，「まだ子どもでいたい」という願望を夢の木に表現したものであろう。

図44は性加害児の描画である。擬人型はユーモラスな微笑ましい描画だけとは限らない。統合失調者が描く不気味な擬人型もある。犯罪者の描画（図52-3）も参照してほしい。

不気味な擬人型

図44　1枚法　男子14歳　描画時間5分
IQ普通域。強制わいせつ。
擬人型の木であるが，描線の神経過敏さと形態の不気味さは性加害児童にしばしば見られる。

2. ウロ

ウロは漢字では虚と書く。ウロは大きな幹にできた穴を意味し，地下にある世界へ繋がっていると考えられている。バウムテストにおけるウロは幹の上に表現される傷跡である。ウロと心的外傷体験の関連について，これまでの研究は大きく2つに分けられ，1つは英語圏で発展したH. T. P. テストの樹木画におけるウロ（scar）と，もうひとつはドイツ・フランス語圏で発展したバウムテストにおけるヴィトゲンシュタイン指数（Wittgenstein-Index）である。コッホは第3版でこれを紹介している。従来は心的外傷体験の描画表現とされていたが，ボーランダーは「生活の劇的な変化」と考え，いわゆるトラウマ的な体験に限定するのではなく，過去の出来事・体験の中で環境の変化や転機となった出来事が表現されるとした。日本でもH. T. P. テストやバウムテストの研究から「傷跡，幹の汚れ，穴」についていくつか報告されているが，出現頻度は少なくウロに関

する解釈仮説も疑問視されてきた。しかし，われわれが大学生を対象に調査を行ったところ，被検者の約半数にウロが出現し，「時期の決定」でもウロの出現時期に何か出来事があったと確認できた被検者は80％にも上った（佐々木，2007）。

1）ウロの計測方法

一般的には「地平線から頂上までを測定対象とする分析方法（Buck法）」と「根から頂上までを測定対象とする分析方法（Koch法）」があり，実際には両方の方法で計測してみるとよい。木の長さ（h）をmmで計測し，これが被検者の年齢，何歳何カ月（a）に対応する。この比が指数である。その他，はみ出しのある木の測定法など諸説がある。

2）ウロが意味するもの

ストラがウロについて，「①過去の失敗へのとらわれ。②自己愛的な傷つき。③日常の不満感」と記載したように，これを心的外傷のサインと見るよりも「出来事サイン」とした方がよいようである。たしかにPTSDの原因になったものが表現されることもあるが，引っ越しや転校から何らかの変化のために生活の均衡が崩れた状態と呼べるものまでさまざまである。根もと近くにウロがあれば，2～3歳時の出来事サインと考える。この場合には同胞誕生が多いようである。被検者に弟や妹が誕生し，親の関心が一時的に自分から離れていったのかもしれない。

3）ウロの表現

これまでウロは，幹の上に出現した傷跡，折れた枝，節穴などが上げられてきたが，幹輪郭線の両側の切れ目，幹に止まる虫，幹に描かれた顔，幹に描かれた渦も該当するように思われる（図45・46）。つまり，幹の上に出現した付属物がウロを表現している可能性が高い。以前，幹に注連縄がかけられている描画で，時期を調べてみると「ある出来事があった」と被検者が述べることもあった。幹輪郭線の両側の切れ目に関しては，二次元の描画を三次元的に捉えると理解しやすい。しかし幹輪郭線の片側だけの切れ目ではウロと認められないようである。

ウロのある木

図45-1　3枚法　第1の木
男子13歳
描画時間1分10秒
IQ普通域。性的悪戯。
両側の幹輪郭線が破線でところどころ切れている。幹輪郭線の両側が同じ高さで切れている場合には、ウロと考えられる。

図45-2　第2の木
描画時間2分41秒
被検者は「切り倒された木から、また小さな木がはえている」と語る。切り株は外傷体験を示す。第1の木に見られた切れ切れの幹輪郭線で表現された体験が、第2の木ではより劇的に切り株で表現されているのかもしれない。

図45-3　夢の木
描画時間1分43秒
「空ぐらいの高い木があったらいいな」と描きながら話している。幹の半分ほどの高さに雲。樹冠に比べて長すぎる幹は衝動性の強さを表している。

図46-1　3枚法　第1の木
女性26歳

図46-2　第2の木

図46-3　夢の木

IQ普通域。20歳時に両親離婚。抑うつ状態。
ウロは16, 7歳頃。3枚の描画ともはみだしがない。第1, 第2の木は、「転倒図形」で、筆者の臨床経験からヒステリー、あるいは自己顕示的な性格の人に多いと思われる。

図 47-1　1 枚法　女子 14 歳　入所 2 カ月
IQ 普通域。7 歳時に母が再婚し，8 歳時に異父妹が生まれている。
「裂けた幹」あるいは「幹や大きな枝の枝分かれ」はウロを表しており，8 歳の位置にある。

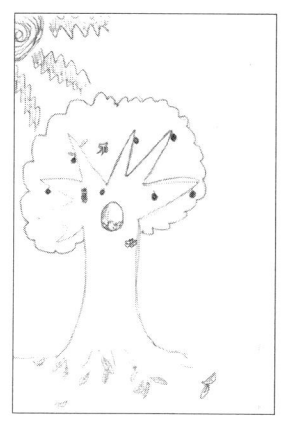

図 47-2　1 枚法　描画時間 10 分　入所 11 カ月目
図 47-1 と同じ被検者が 9 カ月後に 1 枚法で描画をしたものである。被検者は描画後問わず語りに「ライチ・パイナップル・バナナが一緒になった木」と話している。ウロが幹に穴の形で表現され，小鳥の巣になっている。この穴の右下の虫もウロと思われる。ウロが示す時期は 7 歳から 8 歳頃，被検者にとって母親の再婚とそれ以上に異父妹の誕生が深刻な影響を与えた出来事だった。

4）ウロと心の防衛

　表 2 で示したように，われわれが行った調査でも，あるいはこれまでの臨床経験からも 3 枚法の 2 枚目と夢の木にウロの出現が多い（佐々木，2008）。特に夢の木でウロが出現する場合が極端に多いのは，防衛を弱め退行を促進させるためかもしれない。これまで日本ではウロの出現がきわめて少ないと報告されていたのは，実施方法が 1 枚法によるためであろう。筆者はかつて非行少年の施設に勤務していたが，児童相談所や少年鑑別所でバウムテストを受けた少年たちが施設に入所し，精神的に安定し，いくぶん退行促進的な環境に置かれた状況で再度検査を行うと，ウロが出現した事例が多かったのである（図 47）。

表 2　ウロの出現
（男性 38 名女性 91 名，平均年齢 20.7 歳）

	出現数	
	数	割合
1 枚目	31	28.7%
2 枚目	23	21.3%
3 枚目	54	50.0%
合計	108	100.0%

5）ウロは本当に出来事を表現するか

さまざまな心的外傷体験あるいは出来事が過去にあったとしても，それが必ずウロとして表現されるわけではない。つまりウロが出現しなかったからといって，そうした体験がなかったと言えない。あるいはウロがあっても被検者には何も心当たりがないということもある。描画は意識も無意識も表現するが，描画されないことも少なくない。ある被検者に年に1度のペースで長期に渡って木を描いてもらったことがある。ある時期の描画にはウロがあり，また別な時期にはウロの出現時期が以前とは違うことがあった。描画時期によって被検者の「人生の転機」となる出来事が違うのであろう。ウロが出現しその時期に引っ越しや転校のあった学生がいた。そうした経験をした者がみんなウロを描くわけではない。転校していじめにあったり嫌な思いをした経験がなければウロは出現しないかもしれない。あるいはそうした経験があっても，描画時には「今は乗り越えている，今は幸せ」と思えていれば，ウロは出現しないのだろう。トラウマの治療を考えさせられる。トラウマは正面から向き合うのは困難である。最善の治療は「今は幸せ」と思え，過去の辛かったことは「嫌なことがあった。でも今は大丈夫」と感じられるようになることである。無理に忘れようとしてもそれはできない。ウロは現在（描画時）から過去を見た指標なのである。

3. 性的表現と性的問題

児童精神科病院でバウムテストを数多く見てきた。小学校高学年から中学生までの描画に性器と思われる描写にいくどとなく出会い，スーパーバイズをする筆者の第1の教えが「バウムから性器を探せ」と言われるほどである。児童相談所では性加害児童や性虐待を受けた児童の描画に触れ，矯正施設では性犯罪者にバウムテストを実施してきた。これまでのバウムテスト研究者はコッホを除くとストラもボーランダーもカスティーラも全員女性である。そのためかバウムテストに見られる性的表現に関する記載は少ないか，もしくは穏やかな表現がなされている。ストラは「樹冠から切り離された幹，幹と樹冠の間にさまざまなものが入り込んでいる木：性的問題を抱えていたり，あるいは更年期の強迫的な女性が描く木に多い」と樹冠と幹の関係から性的問題を示唆している。

ボーランダーは「特殊サイン，人間の身体の部分」でペニス，女性器などを扱ってい

る。カスティーラは性的問題のサインをいくつか取り上げているが，衝動性や両価性あるいは攻撃性のサインとも共通するものであった。

1）男根的幹

ルルカーは著作の中で，「考えられるのは，幹のファルスであり，樹のウロの三角形が象徴するヴァギナであろう。……〈子をもたらす樹〉もしばしば両性具有と考えられており，その際，幹はファルスに，盆のように張った根はヴァギナにみたてられる。初期の精神分析家のサークルにおける樹幹とペニスの同一視と，そこから導きだされる木を倒すことと去勢との同等視は，後に言及するエジプトのバタのお伽噺などに見られるが，しかし神話の比較的狭い範囲内でしかお目にかかれない。しかし少なくとも樹幹とペニスの同一視がキリスト教ヨーロッパ社会においても事実広まっていたということは，ここに掲げた挿絵が示している。それは哲学の樹が生い立つアダムの絵であり，錬金術の思想から生まれ出たものである」と述べ，アシュバーナム写本の絵を載せている。図48を見てわかるように，アダムの足は2本描かれており，ペニスが樹になっている。

根がヴァギナのように見える木もあるが，樹冠も同様である。樹冠部と幹が離れていたり，あるいは幹が樹冠内部に入り込んでいて，幹の上端部がペニスの形をしていることもある。ストラが性的問題があるサインとして上げているものを見ると，どれも幹と関係したものである。

［サイン82. 逆V字型の幹の先端］：〔統計〕①子どもじみたやり方で支配しようとする。②自分の能力が明らかになることに抵抗する。③性的な問題。被検者の中には自己コントロールの欠如と他者批判が見られることがある。

［サイン83. 下に凸型の曲線で幹を区分している樹冠］：〔統計〕①受動的態度。②優しさ，女性的。③性的問題が見られるが，それを避けようとする。〔臨床〕④防衛的態度。

［サイン87. 樹冠部に入り込んでいる幹］：〔臨床〕①自分自身を保ち続ける，感情を抑え続ける。〔統計〕②時に性的とらわれ。

サインの意味を見てわかるように，性的問題だけでなく対人関係面での問題を指摘している。つまり，性のディメンジョンからの解釈である。ボーランダーは身体の部分から，カスティーラは根との関係から性的問題も検討している。しかし，コッホは幹に関する象徴解釈でも性的な事柄については触れていない。

図48 アダムから哲学の樹が生い立つ

2) 性器を表現する枝や葉など樹冠内部の付属物

枝がペニスのように見えたり，葉がヴァギナのように見える描画はしばしば見られる。これは性自認を表現しているのかもしれない。このような描画を描いた子どもに「強い男になりたいんだね」とか「女でよかったと絵に出ているよ」と言うと，笑顔で頷くことが多い。あるいは性に関する関心が高まっているとも考えられる。こうした表現は健康的なのである。しかし，大きすぎる根，あるいは長すぎる幹などでは性的問題を考えなければならない。

3) 性的関係

樹冠部の極端な歪みや樹冠内部の枝（特に女性では右側の枝）にパートナーの存在が示唆されることがある。これまでの臨床経験では，被検者が女性の場合樹冠部の右下領域にパートナーとの葛藤が，被検者が男性の場合には樹冠部の左下に母親との葛藤が見られた描画を少なからず見てきた。これはサインと呼べるほどのものではないのだが，被検者の性別によって表現されるものが違うところが興味深い。

4）性虐待

　明らかに性被害を受けた事例では，幹がペニス，樹冠がヴァギナのようであった。椰子の木を描き，幹の上端に黒い実を2つ描き，それがまるで睾丸のように見える描画もある。あるいは風景や付属物で，例えば太陽がヴァギナ，雲がペニスの形をしていて，太陽と雲が向き合っているなど，木そのものの描画ではないところで表現される場合もある。被害が明らかでない被検者に描画してもらうと，擬人型が出現したりすることもある。これまで性虐待を疑われた事例では，樹冠部と幹が離れている，あるいは樹冠内部の枝が幹から連続していないこともある。いずれにしても性虐待のサインは幹と樹冠の不連続性にあると思われる（図49参照）。

5）性加害，性非行について

　幹と樹冠との関係よりもむしろ衝動性，抑うつ，攻撃性，神経過敏を示すサインが多く見られるようである。それから3枚法が有効であり，性非行では1枚目，2枚目が比較的小さな木であるが夢の木になると，突然大きな木になる。日頃の抑圧していた感情が，夢の木で一気に流れ出るようである。こうしたサインの読み取りには慎重でなければならない。サインがあるからといって問題性があるのではなく，問題行動があってそれをバウムテストから確認するのである。また，性加害や性犯罪などの問題行動がない人でも，類似した表現が見られることもある（図50〜52）。

第 2 章　バウムテストの作業仮説

性虐待が疑われる描画

図 49-1　3 枚法　第 1 の木　女子 13 歳
IQ 普通域。
黒々とした大きな木。幹と樹冠部全体が濃い陰影に包まれている（強い不安）。樹冠内部の錯綜する描線と枝がつながっていない。

図 49-2　第 2 の木
左に位置する木。親子関係の複雑さ。樹冠も幹も斜線で全体に陰影が施されている。樹冠輪郭線が何重にもなっている（人間関係の障害）。丘の上のような地面線（他の人とは違うのだという意識）。

図 49-3　夢の木
用紙一杯に描かれている。上部は家，その下に木の幹がある。下 2/3 は曲がりくねった道。人の顔のように見え父親的なイメージを恐れるサインである。このチロールのサインは，小学生の高学年に比較的多い。

性加害，性犯罪者の描画①

図 50-1　3 枚法　第 1 の木　男児 12 歳
IQ 普通域。性的加害。
木の形態をしていない。極端に右下に位置する。右に単線の冠下枝。幹の右側の輪郭線が不連続な描線。波打つ地面線，小さい木。

図 50-2　第 2 の木
中央やや左に位置する木。両側から冠下枝。左の枝は単線，右は 2 本線（見たいものを見る）。長い幹と小さな樹冠。未熟な形態だが，根もとは用紙の下端から離れている。

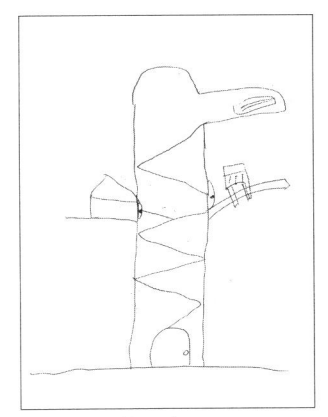

図 50-3　夢の木
House Tree 型の大きな木。ウロを思わせる幹の斜線。冠下枝の上に家。鳥のくちばしのような大きな枝。枝は右を向き，男性性の顕示と枝の内部に見られる女性性器を思わせる図柄。

性加害，性犯罪者の描画②

図 51-1　3枚法　第1の木
男性 35 歳
描画時間 1 分
IQ 普通域。強姦致傷。「イメージがわかない」と言いながら描画。

図 51-2　第2の木
描画時間 1 分

図 51-3　夢の木
描画時間 1 分
「また，同じになっちゃう。イメージがわかないんですよ」と語る。

性加害，性犯罪者の描画③

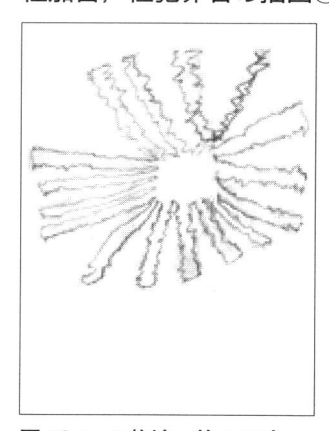

図 52-1　3枚法　第1の木
男性 32 歳

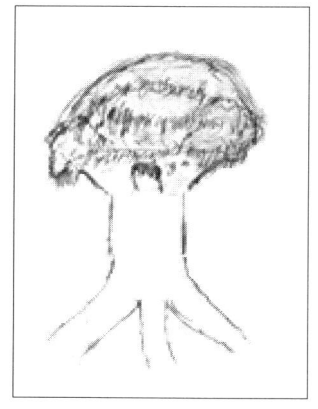

図 52-2　第2の木
幹の中央に立体的な枝が出ている。男根を思わせる。

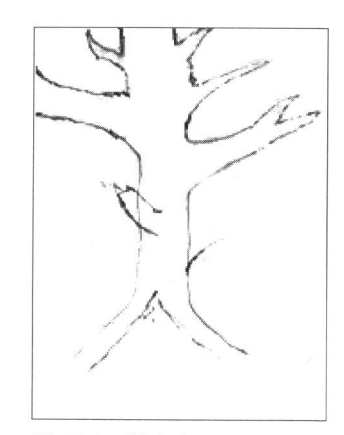

図 52-3　夢の木
描画は，木と言うよりも男性の裸体を思わせる。時として直截な性的表現が出現することがある。

身体的虐待と解離性障害を訴えた痴漢犯。20代から痴漢を繰り返す。数年ごとに性犯罪で逮捕されている。あるいは常習者でたまたま逮捕されたのかもしれない。第1の木では放射状に広がる不気味な描画である。

第3章

バウムテストの読み方

　テストを用いる研究者や臨床家にとって，描画を言葉を使って述べる作業は，臨床の場であれ統計的研究であれ，ある種の危険を伴うことを心得ておかなければならない。バウムテストの心理学的解釈はこうした意味でも難しい作業なのである。急いで結論を出すべきではなく，被検者をよりよく理解するために，バウムテストから得た所見と他からの情報（面接，投影法テスト，質問紙，評価尺度など）をつき合わせて検討しなければならない。そしてバウムテストを読むためには，すでに第2章で述べた知識だけではなく，発達心理学や精神病理学の知識が必要である。以下に説明するのは，読み方の手順であり，実際の解釈には被検者がもつさまざまな問題に関する知識がなければ，指標やサインを指摘できても，その組み合わせからどのようなディメンジョンを採用するかが見えてこない。診断や見立てができるのであれば，わざわざバウムテストを実施する必要はない。反対にバウムテストを勉強することで，被検者に関係する障害や問題に関して学ぶこともある。

I　読み方の手順

1．情報収集

1）被検者の情報

性別，年齢，知能程度

臨床像：何が表現されているか？　どのような症状があるか？

家族歴，生育歴，病歴あるいは問題行動歴

2) テスト時の状況

バウムテストをどのような状況で実施したか。

病院などの医療機関，学校の教室，相談所など

なぜバウムテストを描いてもらうことになったのかも，被検者の心理的負荷を考える際に必要な情報である。

3) 半目隠し分析

情報を制限して，まずバウムテストだけから分析を行うこともある。これは情報があるとその影響を受けて恣意的な読み方になるのを避けるためである。それでも性別，年齢，知能程度，描画時間を知らなければ読むことはできない。それらの情報だけで分析するのが半目隠し分析である。ある程度バウムテストが読めるようになると，他の情報なしで分析してみるのは読む訓練にもなる。年齢と性別は基本情報であり，教育歴は知能検査を実施して詳しい知能指数がわかればよいが，そうでなくても普通に中学や高校に通ったか，あるいは特別支援学級なのかといった程度がわかればよい。描画を見て知的障害，つまり知的な未熟さが指摘できる時，被検者の知能が普通域だとすると，被検者には情緒的未熟さが認められると考える。未熟な形態の木を見ても教育程度に関する情報がないと知的未熟さ（知的障害）か情緒的未熟さか判断に苦しむことが多い。読み方に熟練してくると，描画のさまざまなサインを組み合わせて解釈し，どちらの未熟さを読みとることがある程度可能になるように思う。

描画時間からは被検者の姿勢が理解されることが多い。一般的に描画時間は2，3分から長くても10分程度である。数十秒で終わってしまう描画では，被検者のエネルギーが少ないか，あるいはいやいやながら描画していると考えてみる。そんな気分の時でも被検者は検査者の意向をなんとか受け入れようとして，むげに断るということをしないことが多い。描画は被検者の表現意欲に左右されるので，解釈にはこの点も考慮しなければならない。

2. まず印象を書き留める

木を全体として眺める。大きな木，小さな木，可愛い木，変な木等々，さまざまな印象をもつ。あるいは模写してみるとよい。気がついたことを次々とメモをとってみよう。そ

印象記載から分析へ

図 53-1　3枚法　第 1 の木
女子 13 歳
図 53-2　第 2 の木
図 53-3　夢の木

適応障害　IQ 普通域。

　まず，第 1 の木，第 2 の木，夢の木の 3 枚を並べて，印象を書いてみるとよい。
　全体にとげとげしい印象。樹冠輪郭線，枝や根の先端の鋭さから攻撃性や衝動性が強いと感じられる。夢の木では幹が真っ二つに折れている。被検者の激しい傷つきが感じられる。筆者のこの描画に対する印象把握はこのようなものであった。
　次に 3 枚の木の変化を見ていこう。木の形態や表現の変化から A-A-B パターンを考えてみた。すると最初の 2 枚で抑圧されたもの，あるいは表現された困難さが夢の木でより具体的に描かれているようである。
　分析段階ではそれぞれの描画について気がついたことを書き留めていく。以下，筆者の分析を記す。
5 つの作業仮説のグループごとにサインを集める。
第 1 の木
①やや左に位置する木（不安）。［空間図式］
②ギザギザの描線（攻撃性，衝動）。［描線］
③幹－樹冠の接合部は，掌形で先が尖っている（攻撃性，衝動性）。左端の枝だけが極端に細く鋭い（同性に対する敵意）。［象徴・描線］
④二重に重ね書きされた，先の尖った根（攻撃性，衝動性）。［象徴・描線］
⑤幹の下部右側のウロ（外傷体験か？）。［特殊サイン］

第 2 の木
①左と上方に樹冠が用紙からはみ出している（夢や希望はかなわないだろうという思い）。［空間図式］
②樹冠内部に葉が散らばって張り付くように描かれている（攻撃性の隠蔽，表面的）。［象徴］
③幹の両側の描線が樹冠や根に比べて筆圧が弱い（傷つき体験，情緒の不安定さ）。［描線］
④幹がやや左に傾いている。

夢の木
①幹の途中から折れてしまった小さな木（激しい外傷体験，内向）。ヴィトゲンシュタイン指数：4～5 歳頃に外傷体験。［特殊サイン］
②樹冠部と幹の上方は左下方に倒れている。
③根もとの右側に「ひこばえ」が見られる（再生の願望か？）。
④根は第 1，第 2 の木と同じだが，用紙を分割するように地面のラインが引かれている（現実に根付かず，空想の世界にいる）。
⑤根の周りを縁取るように曲線で囲んでいる（衝動に対する恐れ）。

⇒「サイン一覧」を見て，サインの意味を調べる。サイン間の関係を考え，重みづけをする。→「布置」
⇒ 統合（生育歴，問題行動歴，病歴を参考にしながら，所見を書く）

の際，バウムテストの5つの作業仮説，つまり形態，象徴，描線，空間図式，特殊サインから気がついたことを書き留める。印象把握といっても読み手の経験によって，印象が異なるかもしれない。「以前に似たような絵を見たことがある」「こんな奇妙な絵は見たことがない」，あるいは研究会などで何人かの人々が集まってバウムテストを見ていると，人によって印象もさまざまで，気になるところも読み手によって異なることもある。描画の印象把握はきわめて重要であり，印象から出発し分析は始まる。なぜそのような印象をもったのかと考えながら分析を進め，印象を言語化することが分析・解釈に繋がる。

II 読み方　フローチャートを参照しながら (pp.190-191)

1．印象把握から分析へ

「普通の木」を思い浮かべてみる。バウムテストの描画を眺めると，どんなことについて指摘したらよいのか，どのような印象をもてばよいかなどと考えてしまうのではないだろうか。印象を列挙していくことは，「気がついたことを書く」ということなのだが，どんなことに気がつくのだろう。第2章のバウムテストの作業仮説を参照しながら読むことを薦める。「普通の木」とはイメージである。検査者が思い描いたバウムが「普通」だとは限らない。被検者の描画を見ていると，「私はこんなふうには描かない」とか「木のこの部分が気になる」などと検査者が思うかもしれない。そうしたものを書き連ねていくのが印象把握であり，分析への第一歩である。印象や気になった点を書いたら，次にそれを5つの仮説のカテゴリーのどの領域のものであるか検討し，そのカテゴリーごとに分けてみる。

　例を挙げてみよう。ここにある1枚の描画を眺めての印象や気がついたことを書き留めてみる。まず，「木に見えるか」「木に見えないか」「木に見えなくもないが，どちらにも見える」の3種類の見方ができる。ここで木に見えないということは，木の象徴性を用いた解釈ができない。どこが樹冠部なのか，幹なのかがわからないからである。

　作業仮説の領域ごとに検討する。その際，まず以下のようにまとめてみる。

1）形態（木に見えるか見えないか）

　　木の形態：リアルな木，空想的な木，幾何学的な木，ある特定の種類の木（竹，椰子，葡萄の木など）

2) 象徴（木，風景，付属物，陰影など）

　木の各部分の検討と主なサイン

　根（地面のライン），根・幹の接合部（根もと），幹，幹・樹冠接合部，樹冠（枝，茂み，果実），付属物，陰影など

3) 描線（筆跡学的知見）

　描線：何種類の描線を使っているか？　描画のどの部分にどのような描線が使われているか？

4) 空間図式（用紙上の位置，木の大きさ，はみ出し）

　ストラの透視図を用いてもよいだろう。

5) 特殊サイン

　擬人型については，形態の問題から「木に見えない」描画かどうかも検討する。ウロがあれば時期の測定を行う。

　注意しなければならないのは，この段階ですぐにコッホの指標やストラのサイン，あるいはボーランダーのサインに飛びつかないことである。描画を見ていて，気がついたこと（印象など）の多くが，実際にはコッホやストラなどの指標やサインにあてはまるものが少ないかもしれないからである。それでもじっくり見ていくと，5つの作業仮説で述べたようなことからあてはまるものが見つかっていくことが多い。この点については，第7章のサイン一覧が参考になると思う。是非，コッホ，ストラ，ボーランダーなどの成書を読んでほしい。

2. 多義的・多層的であるということ

　木の描画解釈の出発点は象徴解釈であった。象徴は多義的・多層的であるため解釈が恣意的であることが避けられない。そのために勝手な読み方になりやすいと言われることもあった。5つの作業仮説を理解しても多義的・多層的であることは免れないかもしれない。しかし描画をディメンジョン（次元）で見ていくと，理解できるように思う。すでに第2章の空間図式のところで述べたように，描画の左右，用紙の左右の問題で，左側は女性，過去，内向，心の内面，右側は男性，現在，外向，心の表面と言われている。これは女性↔男性，過去↔現在，内向↔外向，内面↔表面のそれぞれの層で見なければならな

い。つまり左右を女性↔男性の「性のディメンジョン」，過去↔現在という「時間のディメンジョン」で検討するということである。おそらく木はこのように幾層にもディメンジョンが構成されているので，コッホは彼の指標の意味を書く際に，多義的になったと思われる。コッホ（1957；訳 2010）の指標「右側の強調，左側の強調」あるいは「左に流れること，右に流れること」でも，左右の問題では性のディメンジョンと時間のディメンジョンの意味が示されている。また，性のディメンジョンでは，例えば木が右側に寄っていたり，右方向が強調される場合，父親への関心だけでなく，場合によっては母親への拒否感を考えなければならないこともある。その意味でも木はやはり多義的と言えよう。ここで，ストラの左右に広がる樹冠部とその意味を上げてみる。

　［サイン66. 右に広がる樹冠部］：〔臨床〕①対人接触を求める。②他者あるいは父親に向かう関心。

　［サイン67. 左に広がる樹冠部］：〔臨床〕①自己，過去，母親に向けられた関心。②事なかれ主義に向かうこともある。③伝統や慣習による支えを求める。

　ストラが象徴解釈から記号化へ向かうにしても，やはり多義的・多層的であることを免れていない。サインあるいは指標を見つけ，ディメンジョンを意識しながら，より適切な意味を探りあてなければならないのである。

　もう1つ，より適切な意味を見つける方法として，ストラの「サインの布置」という考え方がある。木は多義的・多層的であるが，それとは反対にある被検者の描く描画の指標やサインを見つけていくと，その意味するところが，「これでもか，これでもか」と言うほどに同じような意味になることがある。5つの作業仮説のどの領域からも似たような意味が読み取れるのである。ストラはある1つのサインが他のどのようなサインと結びつきやすいかを考え，中心となるサインを「鍵サイン」と呼んだ。多義的・多層的でありながらも，ある1つの性格，行動様式が浮かんでくることもある。所見を述べる場合，バウムテストは心理検査であるので，多義的・多層的な所見は不適切であろう。描画における表現と臨床像の関係を考え，すべての仮説から，最も事例に合致するものを選ばなければならない。となれば，われわれは臨床像や症状に関する知識をもたなければならないのである。この点については，所見の書き方で後述する。

第4章

3枚法の読み方

I 読み方の手順

　基本は1枚法と同じである。ただし，3枚描いてもらうので，1枚よりもより多くの情報を手に入れることができる。実際に3枚法で実施してみると，多くの被検者は3枚連続して描いてくれるが，時に描けない場合がある。2枚描いたところで中断してしまう場合には，a) 夢の木が描けない，わからない，夢なんてないからと言って拒否する。b)「夢」という言葉に反応：夢がない，悪夢を見続けているなど。c) 疲労，などが上げられる。

　3枚の描画をまず並べてみる。1枚ずつの読み方と基本は同じである。

1. 3枚の印象把握と形態に注目

　3枚の描画の印象，気がついたことをそれぞれについて書き留める。それと同時に3枚の描画の変化，特に5つの作業仮説からその変化に注目する。おそらく3枚が変化していると強く感じるのは形態が異なる場合である。そして，形態や大きさなどから，1枚目の描画をAと名付ける。2枚目が1枚目と同じような木であれば，同じくA，変化していればBとする。3枚目の夢の木も1枚目に類似していればA，2枚目と類似していればB，1枚目とも2枚目とも異なればCとする。3枚法を実施すると，表3のような変化のパターンになる。

表3　3枚法のパターン分類

	1枚目	2枚目	3枚目
第1パターン	A	A	A
第2パターン	A	A	B
第3パターン	A	B	A
第4パターン	A	B	B
第5パターン	A	B	C

2. パターン分類から予想されること

第1パターン（AAA）：防衛の強さが伺われ，3枚とも同じように描き，描画時間は比較的短い。これまでの臨床経験では，刑務所内の性犯罪者で過剰適応している場合，知的障がい者で描画時の心理的水準に変化が見られない人，統合失調症の長い経過の人にしばしば見られた。いずれにしても防衛が強いか，環境の変化に対処できない人が多い。

第1パターンの描画例（AAA）

図54-1　3枚法　第1の木　女児11歳
父親からの身体的虐待。
①筆圧の強い太い描線（苛立ち，抑制，神経過敏）。②中央に位置し，樹冠部，幹，根が3等分されたような大きさであるが，根が太く強調。③空想的な木（逃避傾向）。④樹冠の周囲は波形の線（愛想のよさに隠された防衛）。⑤根は太く，下方に向かって繰り返しなぞられた描線で描かれている。⑥樹冠内部の果実（口唇期的補償）。

図54-2　第2の木
幹の右側のウロと右側面の黒い描線（情緒的に苦痛を伴った経験，情緒領域への侵入）。
ヴィトゲンシュタイン指数の計算：（木全体の長さmm）／（描画時の年齢，○歳○カ月）＝指数（木の下端〜傷跡）／指数＝外傷体験年齢
275mm／11歳＝25
115／25＝4.6歳

図54-3　夢の木
樹冠内部のさまざまな果実（将来に対する戸惑い，目的が定めでない）。果実および木の周囲に描かれた男性及び女性器（性的関心，女性であることを意識）。

第2パターン（AAB）：夢の木という空想的な，あるいはファンタジックな表現をするように圧力をかけているので，1枚目や2枚目では抑圧されていたものが夢の木で表現される。概して1枚目，2枚目は小さい木であり，3枚目になると大きな木として描かれることが少なくない。日頃抑圧されている人，あるいは1枚目，2枚目で被検者が抱えている問題がより具体的な形で3枚目に表現される。図55は夢の木で現実の困難さを初めて表現できた描画である。

第2パターンの描画例（AAB）

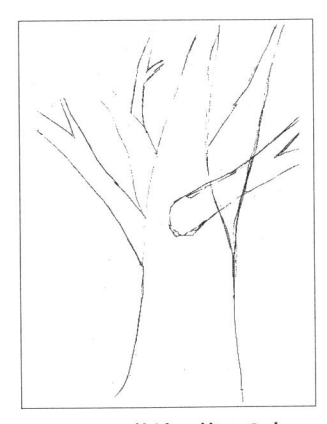

図55-1　3枚法　第1の木　女子16歳
性同一性障害。IQ 普通域。

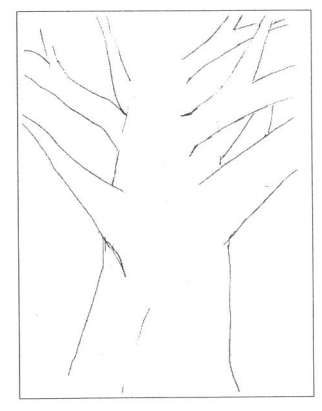

図55-2　第2の木
第2の木の方が大きい。立体的な枝（衝動性，攻撃性）。重ね書き（不安，苛立ち）枝の対称的，平衡的構成（抑うつ）。

図55-3　夢の木
第1，第2の木では見られなかった樹冠が出現。濃い描線の幹，樹冠と幹の不均衡（人格の発展が屈折している）。

第３パターン（ABA）：夢の木で１枚目が再現され，この場合には１枚目の描画を始める時にすでに被検者の心持ちとしては描画すること自体が無意識のうちにファンタジックな行為と受け止められているようである。テストというよりも「お絵かき」「落書き」の感覚で描画を始めたかもしれない。このパターンの２枚目では１枚目に比べてぎこちない印象を受けることもある。

第３パターンの描画例（ABA）

図56-1　３枚法　第１の木　男性22歳
やや上方に位置する木，管状の枝，樹冠輪郭線が横に広がり，幹の輪郭線は切れ切れで感情のコントロールが苦手。

図56-2　第２の木
中央に小さな切り株と右側にひこばえがある。重大な衝撃を受けている。

図56-3　夢の木
第１の木と同じ木が用紙の中央にあり，その周囲に単線の幹の小さな木が左右に並んでいる。

IQ普通域。学業不振。夢の木から自己愛的なパーソナリティが伺われる。被検者が夢想した木なのであろう。描画の最初，第１の木に夢想した木を描いたため「夢の木」の教示でも第１の木と類似の描画になっている。ABAパターンでは，第１の木を慣れない状況で緊張して描くのではなく，自己愛的で夢想する傾向の人が描くのかもしれない。

第4パターン（ABB）：2枚目の描画と似たものが夢の木でも出現している。「夢の木」の教示に対して反発しているのか，あるいは2枚目ですでに欲望や困難さが無意識のうちに表現されているのかもしれない。いずれにしてもこの第4パターンを見ることは少ない。

第4パターンの描画例（ABB）

図 57-1　3枚法　第1の木　男性 38歳
幹が樹冠に入りこんでいる。単線の枝はシンメトリー構造。樹冠輪郭線は筆圧が弱く切れぎれ。

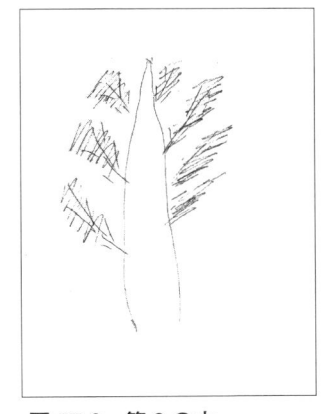

図 57-2　第2の木
開いた樹冠。樹冠輪郭線はない。枝の構造は第1の木と同様であるが，枝がさらに枝分かれしている。幹の先端が鋭いV字形。

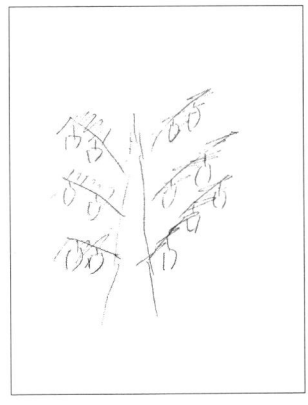

図 57-3　夢の木
木の構造は第2の木に類似している。枝の下側に実あるいは葉がついている。

IQ 普通域。躁うつ病，躁うつ混合状態。
第1の木では，かろうじて樹冠輪郭線を描き自己を防衛している。第2の木，夢の木では衝動性にふりまわされている。夢の木には抑うつのサインも見られる。第1の木から第2の木へ描画の心理的水準が変化するが，このパターンでは第2の木で夢の木のように現実の困難さが表現されている。

第5パターン（ABC）：一般的な形で出現率も他のパターンと比べて多い。最初の2枚に変化があるかないか，その変化をどのように読むかについては，次章を参照してほしいが，3枚法では3枚目の描画が1枚目や2枚目と同じか異なるかによって，解釈の幅が広がるように思われる。

第5パターンの描画例（ABC）

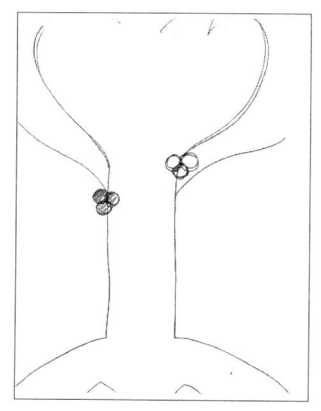

図58-1　3枚法　第1の木　女子15歳
IQ普通域。性非行・覚せい剤乱用。用紙から大きくはみ出した木。このような「大きなはみ出し」は，不安や困難の表現。第2の木から，第1の木も椰子の木であることがわかる。黒い実はウロ。第1，第2の木の極端な大きさの変化は，「まず，つっぱる」という態度。非行児に多い形態変化である。

図58-2　第2の木
椰子の実の木（逃避）。水のイメージ（薬物乱用，罪責感）。椰子の実が外傷体験を表現している。

図58-3　夢の木
被検者のこの描画に「光る苗木」と名づけた。もうすぐ施設を出る状況で，周囲に巻き込まれたくないと右下にまるでシェルターに入ったような木を描いた。これは被検者の現実的な解決策であり，今の姿を表している。

II　夢の木が意味すること

　「夢の木，想像の木，現実にはない木」という教示で夢の木を描いてもらう発想は，R. モンテッソーリ（イタリアで最初の女性医師，幼児教育で有名なマリア・モンテッソーリの孫）から受けている。ストラは夢の木について次のように書いている。「この夢の木を3番目に指示したのは，現実の不満足な状況を新たな視点から見つめ，被検者が多少とも意識的に思い描く解決策が浮かぶようにするためであり，そうすれば最初の2枚で表現された現実の困難が発見できるかもしれない」と言い，「第3の木は，より深層の領域，つまり欲望や願望を表現しうる」としている。カスティーラも第3の木について「願望，欲望を表現している」と述べている。

　健全に生きている人が描く3枚目の描画は，概して「願望，欲望」と解釈していいと思う。もちろん，障害や困難を抱えた人も同様に解釈される場合もある。しかし，被虐待児童，発達障害，さらに現実にさまざまな困難さをもつ人が描く3枚目は，ストラが言うように「現実の不満足な状況」が表現されているのだろう。それは困難と戦い，困難に耐えている姿である。それがある時には欲望や願望として読みとれたり，ある時には1枚目や2枚目の困難さが，3枚目になって困難さの具体的解決策としての自分の姿勢や有り様として表現されることも少なくないのである。

　林訳（1994）は次のように書いている。少し長くなるが引用したい。「我が国の現代文学では大江健三郎の『雨の木を聴く女たち』に描かれる，常に雨を滴らせている樹には，はっきりと救済のイメージがこめられており，筒井康隆の『夢の木坂分岐点』に描かれている夢と覚醒の間に生い立つ巨樹には，狂気に接するヌミノース的な聖性のイメージがこめられている。またリルケはオルフェイスに捧げるソネットの冒頭において，独特な歌の樹を生い立たせしめたが，樹木形象に捉えられ，それを深く歌った詩人は枚挙にいとまがない。それらの樹木は，詩人や作家によって独特にイメージされた〈夢みられた樹〉である。深く夢みられた樹は，もはや自然の樹木の単なる写し絵ではなく，しばしば尋常な形態を突き崩して，独特な形態をとることがある。樹木に救済や再生のイメージ，あるいは世界の中心のイメージがこめられる時，そのイメージの持つダイナミズムが，スタティックな樹木形態を突き崩していくからであろう」と。

夢の木の教示は，自然の樹木の写し絵ではなく，欲望や再生を表現するように，つまり尋常の形態を突き崩すように促す危険な教示なのかもしれない。かつて10代半ばの少女が描いた3枚法の描画を読むように依頼されたことがあった。知的障害なのかあるいは統合失調症なのか鑑別してほしいというのである。1枚目は用紙半分くらいの大きさの可愛らしい木を描いた。2枚目は「書けない」と拒否され，夢の木では描線を1本縦に引いただけで固まってしまったというのである。臨床像からも統合失調症発病間もないのではないかとコメントしたのだった。尋常な形態がつくれない辛さを感じると共に，2枚目の拒否がすでに病態を表していたのであろう。心理検査が病態を促進させることもあるのかもしれない。3枚目の用紙を差し出しながら「これが最後です。夢の木を描いてください」と言う時には，いつも緊張感が伴うのである。

　1982年にヴィエィユジューが『夢の木，バウムテストにおける想像力の問題』という題名の単行本を出版し，フランス国内だけでなくさまざまな国の人々が描いた「夢の木」を詩人や芸術家の文章と一緒に紹介している。2本の木が絡み合い，そこに2人の男女の思いが表現されている。この本の中でも「夢の木」についてはストラの方法を用いたと書かれている。3枚目，つまり「夢の木」には救済と再生，願望が期せずして表現されているものなのである。これまでバウムテストにおいて「形態が崩れる」ということは，否定的に捉えられてきた。つまり，被検者が木の形をなさない絵を描いた場合，それは抽象性や空想を好むと解釈されることもある一方，精神障害のサインの可能性も示唆されると解釈されることが多かったのである。「夢の木」を指示することは，被検者に意識的に形態を崩させようとするものなのである。あるいは「夢」という言葉に導かれて，自ら形態を崩しながら，再生，問題解決の方策，欲望を表現するかもしれない。

図59　男性18歳　鋳掛け屋
ヴィエィユジュー
『夢の木，バウムテストにおける想像力の問題』(p.7)

Ⅲ　統計的に見た夢の木

　われわれは大学生を対象にして内向性と外向性の性格に分け，バウムテストを3枚法で施行し，それぞれのサインがどのように出現するかを調査した（山崎，2007）。対象者に向性検査を行い，内向群と外向群に分け，ストラ・カスティーラの内向・外向サインがそれぞれの群でどのように出現するかを調べたのだが，興味深いことに夢の木の描画で，内向群に外向サインが多く出現する「外向サインの反転現象」が見られたのである。

　内向的な性格の人にバウムテストを実施すれば，描画に内向のサインが数多く出現しているために，その被検者は内向的と呼ばれることもある。実際に，1枚目，2枚目ではストラ・カスティーラの内向サインが外向的な人に比べて有意に内向的性格の人に出現したのだが，3枚目の夢の木では外向サインが多かったのである。また，外向的な人に内向サインは増加しなかった。夢の木が欲望や願望を表現しているとすれば，内向的性格の人は外向的に振る舞いたいという願望をもつのだろうか。感情に関するサインのレベルでなく，夢の木の形態変化，つまり「夢の木」の教示による描画表現レベルでの変化に伴って，外向サインが増えたのかははっきりしない。ただ夢の木に関して，被検者理解のためにも，そして人間の欲望や願望の表現としても，今後さまざまな研究が行われるとよい。

第5章

2枚法の読み方

I 連続描画法による心理検査

　バウムテストを連続して複数枚描かせるという技法は，わが国ではあまり注目されていなかったが，新しい技法ではない。残念ながら原本は手元にないが，1934年のシュリーベの論文では，4歳から18歳までの子どもを対象として「木を描く」ように教示した後に「死んだ木，凍っている木，幸福な木，おびえている木，悲しんでいる木，死につつある木」の6種類の木を描かせて，そのバウムテストの木の大きさや方向性，描線などを比較して，知能との関連や情緒的な発達を検討したとある。

　わが国におけるバウムテストの発展の礎となったコッホ（1952；訳1970）も変法として「1本の実のなる木を，できるだけ十分に描いて下さい。画用紙は全部使ってよろしい」と教示した後で，「描かれた絵があまりにペダンチックでありすぎたり，非常に不自然であったり，何らかの理由で十分にできあがっていないような場合，また，もっと他の点や他の層について検討したいと思う場合には，必要ならば2回以上テストをくり返す」と述べており，その際は「前に描いたのとは違った，実のなる木をもう一度描いて下さい」という教示を用いるとしている。また，ストラは4枚を連続して描かせる方法を提案している。その教示は，1枚目は「木を描いてください。あなたの好きなように，どんな木でもよいのですが，樅の木は描かないで下さい」，2枚目は「もう1枚，別の木を描いてください。あなたの好きなように，どんな木でもよいのですが，樅の木は描かないで下さい」，3枚目は「夢の木，想像の木，現実には存在しない木を描いてください。それをあなたの好きなように描いてください」，4枚目は「木を描いてください。あなたの好きなように，

どんな木でもよいのですが，目を閉じて描いてください」というものである。加えてカスティーラは，1枚目は「木を描いてください」，2枚目は「木を描いてください。同じ木でも他の木でもかまいません」，3枚目は「夢の木，最も美しいと思う木，できるものなら庭に植えてみたいと思うような木，最も思い出に残っている木，自分の思うままの想像の木を描いてください」と教示する3枚法を用いている。

　このように被検者をより深く理解し，援助の指針を立てるための情報をより多く得るという目的で，これまでバウムテストを複数枚連続して描かせる方法が実施されてきた。もちろん，1枚のみのバウムテストから多くの情報が得られることも，多くの臨床家が実感していることであろう。また2枚連続でバウムテストを描画させた筆者の研究では，中学生や大学生の場合，木の大きさが変化する割合は中学生では30.6％，大学生では40.5％であり，ほとんど変化しない場合も少なくはない（佐藤ら，2009）。心理検査を受ける動機づけが高く，描画を通して自分を表現することへの抵抗感がそれほど強くなく，検査者とある程度のラポールが築けている事例や，逆に自我防衛の機能が低下している事例などの場合は，1枚の木の絵にその人のありようが十分に表現されることも少なくない。ただし，病院臨床や司法・矯正領域といった現場においては，不本意ながら心理検査を受けるに至った事例や，心理検査の結果が今後の処遇に影響を与えるといった状況などもあり，被検者の人格的な特徴などの情報があまり反映されない防衛的な描画が描かれる場合がある。また，ラポールを築くことの重要性は言うまでもないが，ラポールを築くこと自体が治療目標になる事例もあるため，そのような事例の場合は複数枚のバウムテストを行い，より多く情報を得ることも検討してみる価値はあるように思われる。

II　2枚法の実施方法

1. 用具
①用紙：A4判の用紙2枚
②筆記用具：HB以上の鉛筆，消しゴム
③時計もしくはストップウオッチ

基本的にA4判のコピー用紙を用いることが多いが，エネルギーが乏しい被検者の場合はB5判の用紙を用いることもある。紙質にはこだわらないが，画用紙の場合は上手に描かねばならないというプレッシャーを感じ，描画に自信がない被検者の場合に抵抗感が強くなることもあるため筆者はあまり使用しない。ただ，画用紙の場合は，被検者によっては自身の芸術作品としての価値をより強く感じられるかもしれない。また，筆記用具についても，その種類によって長所と短所があると思われる。例えば，消しゴムがない場合は，本人がイメージしたように描くことに失敗するとその部分をどのように修正するのかを解釈することによって，被検者の性格傾向が推察できることもあるが，失敗を恐れてあまり描きこまれないということもあるだろう。

　さらに，長時間かけて簡素な木の絵を描いたのか，短時間で簡素な木の絵を描いたのかでは解釈が異なるために，描画時間を計測するようにしている。ただし，時間を計測していることが被検者にとって圧迫感を与えないように，時計やストップウオッチは被検者からは見えない位置に置いている。

2．教示

①被検者に用紙を縦方向で手渡す。
②「木を描いてください」と伝える。
③描画が終わったら，1枚目の描画を受け取りねぎらいの言葉をかけ，2枚目の用紙を縦方向で手渡す。
④「もう1枚，木を描いてください」と伝える。
⑤描画が終わったら，2枚目の描画を受け取り，ねぎらいの言葉をかける。

　教示については，これまでさまざまな議論がなされてきた。わが国はバウムテストの研究が豊富であるということを考えれば，研究の積み重ねという点では教示が統一されることが望ましいであろう。しかし，これまでの研究を見ると目の前にいる被検者を理解するという実践活動に重きが置かれ，検査者の個人的な経験と照らし合わせるためにそれぞれの判断で「1本の実のなる木」や，「1本の木」などの教示がなされている。臨床実践においては，どの教示が正しく，どの教示が間違っているということもなく，どの教示が好ま

しいということはない。しかし，教示によって被検者の反応が方向づけられるため，検査者は自身の行った教示の内容と，その教示によってどのような反応が引き出されやすいのかは自覚していることが重要であると考える。例えば，「1本の実のなる木」と教示した場合は，実が描かれることが多いだろうし，木の本数も1本であることが多いだろう。また，2枚目の描画の際に，「別の木を描いてください」と教示した場合は，1枚目とは異なる樹種の木を描くケースが増える。さらに，筆者の教示で2枚目の描画を行うと，被検者から「同じ木を描けばよいですか，それとも別の木を描くのですか」という質問を受けることがあり，その場合は「どちらでもかまわないので，自由に描いてください」と付け加えるが，「別の木」と教示した場合は，異なる木を描くことが明確であるために，そのような質問を受けることはないであろう。

　筆者の場合は，なるべく被検者に制限を加えずに自由に表現してもらうことを意図し，1枚目は「木を描いてください」，2枚目は「もう1枚，木を描いてください」という教示を用いている。なお，検査の前にこの検査では2枚の木の絵を描くということは教示しない。その理由は，1枚目と2枚目の解釈仮説に関わるため，次項で述べることにする。

Ⅲ　読み方の手順

　2枚法の読み方の手順については，1枚法と基本的には同様であるため「第2章　バウムテストの作業仮説」を参照していただきたい。2枚法を実施すると，2枚連続して描く被検者がほとんどであるが，1枚で判断してしまう場合には，a）自分を表現することへの防衛や，b）疲労，が上げられる。ここでは，2枚法は1枚目と2枚目の一貫性や変化に個人内の力動が現れるという視点から，どのように読んでいくのかについて論じていく。

1．1枚目の解釈仮説

　バウムテストは単に木の絵を描くのではなく，検査者と被検者という関係性の中で木の絵を描く「テスト」である。ある程度の年齢に達した被検者は多くの場合，この検査が自分の性格を理解するための手段であることを知っているし，その結果によって検査者から何らかの判断や解釈がなされることや，ある時には処遇に影響を与えることを理解してい

第5章 2枚法の読み方

る。しかしながら、どのような絵を描けば被検者の望むような結果が得られるのかはわからない。そのような状況ではどんなに描画が得意な被検者であったとしても、不安や警戒心が生じる。そのため、1枚目の木の絵は、このような不安や警戒心が喚起された場合に、被検者がどのような態度をとるのかが表現されやすい。そして、このような新奇場面においては、一般的にこれまで社会場面で他者との関わりにおいて有効であると感じていたり、望ましいと感じていたりする態度をとりがちである。さらに、どのような木の絵を描けば望ましいと検査者が解釈するかはわからないため、この検査自体よりも検査者が何を期待し、被検者についてどのように考え、どのような反応をするのかに、被検者の関心がより向けられると考えられている。このようなテスト状況によって、三船ら（1992）や、ストラ、カスティーラが指摘しているような、「外向きに見せている自分の顔」、「新奇場面や慣れない環境、自己制御を要する場面での反応」、「社会的・職業的態度」が1枚目には表れやすいと考えられる。

　その解釈仮説に基づき、1枚目の木の形態が歪んでいたり、極端に小さすぎる場合には、社会的な場面での不安や警戒心を適切に処理できないという情緒面の脆弱さや、社会的な役割をとることができないといった行動面や対人関係上の問題が示唆されることもある。

　図60は入学後すぐに美容系の専門学校の同級生に「太っている」と思われているのではないかと不安になり、学校に通えなくなった社会恐怖の患者（女性21歳）が描いたバ

図60-1　1枚目　　　　**図60-2　2枚目**

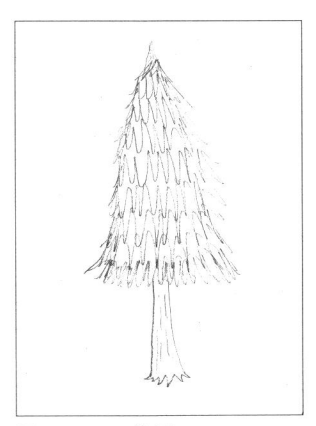

ウムテストである。1枚目は枯れ木で，枝が途中で膨らんだりくびれたりしており，学校という対人関係場面で彼女の困難さが窺われる。

2. 2枚目の解釈仮説

　2枚目のバウムテストは，すでに一度，木の絵を描いており，それを検査者に批判されることなく受け取ってもらった経験がある中で行われる。その体験から被検者は，検査者が自由に反応することを求めていることや，自分が表現したものを無批判に受け取ってくれることをいくらかは理解することができるため，1回目よりはある程度リラックスした状況で木の絵を描くことが可能になる。また，木の絵を1枚描けばよいと思っていたにもかかわらず，もう1枚，木を描かなければならないという意味では，被検者は木の記憶とそれに付随するイメージをより活性化して，対処することを求められるとも言える。そのような状況では，検査者が何を望んでいるのかという期待に応えようとするよりも，自分がこの課題についてどのように取り組むべきかにエネルギーが注がれると思われる。検査の前に2枚のバウムテストを描いてもらうことを教示しないのは，この経過の中で描画することに意味があると考えているためである。このようなテスト状況によって，三船らや，ストラ，カスティーラが指摘しているような，「内的な自分の姿」，「慣れ親しんだ状況での反応」，「内的自己像」が2枚目の木には表れやすいと考えられる。そのため，1枚目に比して2枚目の木が大きくなる場合は，社会的な環境では緊張しやすいが，慣れた環境では自分を表現できるとの解釈が可能かもしれないし，逆に1枚目に比して2枚目の木が小さい場合は自分をよくみせようと突っ張っていると解釈されたりする。

　図61は友人と一緒に万引きをしたり，飲酒をするなどの問題行動がみられた中学生（男子14歳）の描画である。1枚目の大きな木に比して，2枚目は非常に小さいことから，内的には劣等感が強いことが示唆される。

　またストラは，150名の被検者に対して心理検査や，家庭状況に関する資料，親との面接を行い，2枚のバウムテストとの関連を検討した結果，1枚目の幹の描線が2枚目の幹の描線に比べて不安定である場合は，学校での葛藤があり，逆に2枚目の幹の描線が1枚目の幹の描線に比べて不安定である場合には，家庭での葛藤があることを指摘しており，これは1枚目と2枚目の解釈仮説を支持するものと思われる。さらに，わが国の研究

図 61-1　1 枚目　　　　　　　図 61-2　2 枚目

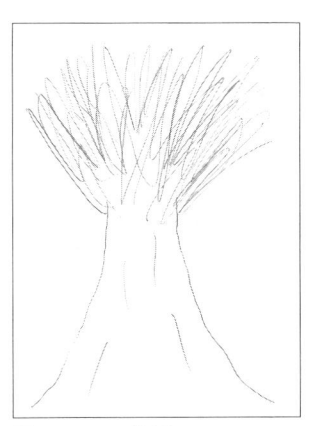

では、渡辺ら（1995）が P-F スタディと 2 枚法で実施された 2 枚のバウムテストとの関連を検討し、Aggression 方向は 1 枚目よりも 2 枚目に表れやすいと述べ、高田ら（1996）はロールシャッハテストとの関連を検討し、2 枚目のほうが自我境界の測度として有用という指摘をしており、2 枚目では防衛的な構えが減少し、退行した描画が増えることが示唆されている。

　2 枚法では先述したような 1 枚目、2 枚目の解釈仮説が提案されているが、もちろん検査者と被検者の関係性が非常に親密な場合や、警戒心が強いという被検者の特徴、状況判断力が乏しいという被検者の特徴によっては、1 枚目、2 枚目の解釈仮説がうまく適用できないケースもある。重要なことは、解釈仮説を無理に被検者の特徴にあてはめることではなく、被検者がこの解釈仮説にあてはまるかどうかを検査者が解釈することである。そして、これらの 2 枚の解釈仮説は、被検者理解の 1 つの枠組みを提示しているという点で意義深いと筆者は考えている。

3.　1 枚目と 2 枚目の力動を捉える

　2 枚目のバウムテストが内的な自分の姿や、内的自己像を表すという解釈仮説であるために、どうしても 2 枚目のバウムテストの方が本当の被検者であると誤解されることがある。しかし、私たちはさまざまな状況において、場に応じた役割を意識的・無意識的に

とることがあり，それらの役割の中のどれか 1 つが私というわけではない。 2 枚法の場合も，1 枚目も 2 枚目も同じ程度に価値がある被検者自身の表現であり，その変化や一貫性といったものが被検者理解にとっての重要な情報になると考えられる。

　例えば，図 62 は大学生（女性 19 歳）が描いたバウムテストであるが，1 枚目は木の大きさが中程度で，樹冠がアーケード型，樹冠と幹のバランスが 2：1 程度で樹冠が優位な木であり，2 枚目は大きな木で，枝の先端や根の先端が鋭利である。このような描画の場合は，2 枚目からは強い攻撃性が窺われるが，1 枚目は穏やかで対人関係も良好そうだと解釈できる。これらの解釈は，一見すると矛盾しているように思われるが，被検者は内的には攻撃性を抱えながらも，社会的な場面ではそれを抑制しようと努力している姿であると解釈することが可能である。このように，どちらか一方が被検者を表していると考えるのではなく，両側面を統合して解釈することを通して，より被検者の複雑性を理解しようとする姿勢こそが重要であろう。

図 62-1　1 枚目 　　　　　図 62-2　2 枚目

　また，1 枚目と 2 枚目のバウムテストが変化しない場合は，防衛が強かったり，社会的場面での態度と，慣れ親しんだ場面での態度がある程度は一致していたり，知的な問題や統合失調症など心理的な水準の変化が見られないということを表していることがある。

　2 枚の一貫性や変化を捉えることが 2 枚法のねらいであるのだが，津田（1992）が指摘

しているように，1枚目と2枚目が変化するということは再検査信頼性が低いということを意味している，と考える方もいるかもしれない。再検査信頼性は心理検査においては，信頼性の1つの指標となっている。しかし，この概念は，ある程度一貫性のある要因を測定しているテストの場合に有効な指標である。他の投映法検査と同様にバウムテストも，人格という比較的安定したものと，被検者の微妙な気分の変化や，検査者と被検者との関係によって変動するものの，両面を敏感に測定しようとしていると考えられている。さらに，2枚法を実施するのは，1枚目とは異なる被検者の他の層を検討するためである。そのため，再検査信頼性という概念自体が，この検査の有効性を検討する妥当な方法ではないと思われる。2枚法の信頼性や妥当性について検討することは非常に有意義であるが，その検討方法自体の適切さも合わせて考える必要があるだろう。

また，2枚法の研究は，1枚法の研究と比べて少ないために，1枚法の研究で得られた解釈仮説が2枚目の木にも適応可能かという疑問をもたれる方もいるであろう。ストラは4枚連続の描画の中で，1枚目と2枚目の木のサインの解釈仮説の統計的検討と臨床的な観察による検討を詳細に行っていることや，筆者の経験からは，これまでのバウムテストのサインの多くが1枚目にも，2枚目にも適用が可能であるとの実感はあるが，今後も更なる研究の蓄積は必要であると思われる。また，ストラのサインである［117. 1枚目の樹冠幅は広く，2枚目の樹冠幅は狭い］や，［118. 1枚目の樹冠幅は狭く，2枚目の樹冠幅は広い］などの，2枚を総合した指標の解釈仮説の検討も進められることによって，2枚法の解釈の幅は広がるものと思われる。

Ⅳ　2枚法の事例

1. 事例の概要（個人情報保護に留意し，一部情報を修正している）

Aさん，20歳男性。アスペルガー障害。幼少期より人と視線を合わせることが苦手で，汽車の絵ばかり描いていた。小学生の頃は，友人の冗談をそのままの意味で受け取り，たびたびトラブルがあり友人ができなかった。中学生になっても友人はできず，「周囲に見られている」と訴えるようになり，何度も手洗いをしたり，誰もいないのに1人で笑うことが見られるようになった。また，中学時代にいじめられていたと訴え（教師は否定して

いる），中学から離れた高校への入学を希望し，県外の高校へ進学した。高校でも「嫌な人」がいたらしいが，なんとか高校を卒業した。高校卒業後は就活に失敗し自宅に引きこもり，家人に「中学時代にいじめられていた」としきりに訴え，家族がそんなことはないと否定すると，自室のドアを壊したり，食器を壊すなどの行動をとることがあった。また，「嫌なイメージが浮かぶ」，「自分を批判する声が聞こえる」などの訴えがあり，家族が心配し，精神科を受診した。

面接時は時折空笑がみられたが，視線を合わせることは可能であった。質問へはある程度適切に応え，口調は独特で抑揚がなく，しばしば「わかりません」と言っていた。また，「知っている男の人の声が聞こえる」との幻聴を訴えるが，それは「嫌な人について考えている時」であり，統合失調症としては非定型的であった。

2．2枚法の解釈

Aさんのバウムテスト（図63）の特徴は，2枚とも幹がかなりの部分を占め，枝と思われるものは短く，幹にくっついており，木の全体のバランスも構造も奇妙な点である。この点は中鹿（2004）や廣澤・大山（2007）が指摘するように，全体構成を考えずに樹木の各部分に注目して描く，視野の狭さや細部への注目傾向を表しているものと思われる。また，「木に見えない」形態をしているということは，認知の独特さや現実検討力の低さを表しているともいえる。

情緒面については，樹冠部に比して幹が非常に長いため，ストラやボーランダーが指摘するように，衝動や情動をコントロールすることが困難である。ただし，2枚目の木は中央に位置していることから，なんとか安定を図ろうとする被検者なりの適応の努力が推察される。また，1枚目の幹は太く，2枚目では細い幹を描いていることから，1枚目の「自己肥大」は独特の認知特徴を有しているために，自分をわかってくれる環境がないことの実存的な孤独感に対する防衛，として理解できるだろう。

対人関係や社会的側面については，2枚目では樹冠内の描線が交差していることから，対人関係における葛藤があることが窺われ，2枚目であることから親子関係の葛藤と解釈することが可能であるかもしれない。この点は，2枚目の樹冠内の菱形模様と未完成の菱形というサインからも支持されるのではないだろうか。さらに，樹冠部よりも極端に大き

な幹や2枚目が下にはみ出していることからは，周囲から守られたいという欲求が表れており，自分を認め，保護してくれる他者がほしいとの欲求が窺われる。

　2枚目の樹冠が左側に伸びるつぶれた楕円であることは，自分の能力を十分に発揮することへのあきらめの気持ちも強く，実際の対人関係では得ることができない安全感から，自己や過去の世界に引きこもっていることを表現しているようだ。このような，引きこもり傾向と，安全感のなさ，衝動や情動に支配されやすい傾向，現実検討力の低さが，「自分を批判する声が聞こえる」という幻聴様の体験を生じさせているのかもしれない。

図63-1　1枚目

図63-2　2枚目

第6章

心理検査と治療的アプローチ

　バウムテストはさまざまな場面で用いられている。心理検査としてのバウムテストは投影法検査の1つで，現在の日本における臨床心理検査の中では，ロールシャッハテスト，TATと並んで御三家の1つでもある。バウムテストが活用されているのは，臨床だけでなく教育領域やその他広い範囲にわたる。適性検査，あるいは研究のために用いられることもある。これまでの私の経験から言うと，非行少年や犯罪者を対象にした性格研究に始まり，医療機関，特に児童精神医学の領域，芸術療法の分野である。

　現在バウムテストを用いる人には心理検査として使っている人もいれば，描画療法的に使っている人もいる。心理検査ならば所見を書かなくてはならず，描画療法では面接がどのように展開していくか，心の変化のモニターとして記録されなければならないだろう。いずれにしても検査者としてあるいはカウンセラーとして被検者と向き合い，バウムテストを施行する場合，現実には心理検査でありながら同時に描画療法的である。どちらか一方だけの使い方はできないように思う。

I　心理検査としてのバウムテスト

1. 心理テストの自立性（得られた所見のみで分析する）

　描画自体で分析を行い，被検者の言動や他の情報を参考にしない。この点では，他の心理テストも同様であり，そうでなければ心理テストとしての価値，有効性，限界がわかりにくくなる。また，バウムテストの所見を述べる場合，常に描画から根拠を示すように心がける。根拠を示さずに印象だけを言いっぱなしにするのは何も分析しないに等しいし，

描画には示されていないのに被検者が言った内容を所見に盛り込むのは誤解を招く。とはいえ，バウムテストの解釈は象徴，指標，サインから行われるので，すでにある程度記号化したサインを列挙したのでは性格用語をレッテルのように張るだけの所見になる。ディメンジョンからの解釈をするには情報が必要になる。つまり，所見を書く際には，面接で得た情報なのか，行動観察から得た情報なのか，情報の出処を明確にすれば，混乱することはないであろう。

被検者の生育歴，家族歴，病歴，問題となっている事柄などを検討した上で，総合所見を作成するのである。実際には，面接所見とバウムテストのみで所見を書かなければならないこともあると思われる。その場合には面接から得られた情報や所見とバウムテストから得られた所見とを分けて記載すると，バウムテストから何を知り得たかが明確になる。

被検者によって描画が異なるばかりでなく，描画に対する意欲によっても描画時間が異なる。描画を行った場所や状況，それに描画態度についても記載する必要がある。ではバウムテストからどのようなことを知ることができるのだろう。

2. バウムテストからわかること

バウムテストは性格検査である。性格は被検者の思考や行動特性などから日常の活動までも含めた総体であるが，一般的には性格傾向を示す用語で示される。描画時の現在だけでなく，どのように生きてきたかも映し出す。しかし未来はわからない。ある時，被検者にバウムテストの所見を伝えていたら，「昔のことや今のことはどうでもいい。将来のことはわからないの」と言われたことがあった。占いのように思われたようである。

バウムテストの所見の書き方について，ヴァヴァソリ（2002）は，感情・情緒の領域，社会的領域，知的領域の3つから書くように薦めている。それ以外にも多くのことがわかる場合もある。

1）精神の成熟度（知的，情緒的）

バウムテストは発達指標として使われてきたこともあって，成熟しているか未成熟かが理解される。未熟さは知的未熟と情緒的未熟に分けて検討する。バウムテストと合わせて知能検査をしておくと，知的未熟（知的障害）は判断できる。知的未熟と情緒的未熟が合併していたり，情緒的未熟だけのこともある。

2）個人の態度
　a）対人関係：主に樹冠，枝などに対人関係の有り様が示される。
　b）自己と環境に対する感情：樹冠輪郭線，用紙上の位置など。
　c）将来に対する思い：果実や樹冠の形など。
③生活内容
　a）父母に対する関係：養育体験は根もと，性的ディメンジョンの左右差。
　b）心的外傷，出来事体験：ウロ，幹の傷跡など。
　c）性的関係：幹と樹冠の不連続性，幹と根の表現。
④性格傾向
内向－外向，抑うつ傾向，神経質，攻撃性，衝動性，不安。
⑤問題行動や精神疾患との関連
性的問題，薬物依存，アルコール依存，神経症的障害，精神病などの患者が示す特徴的なサインについては，カスティーラを参照。バウムテストで診断をつけることはできないが，鑑別診断の際に有力な検査法である。
⑥夢の木に関連したもの
欲望・願望。困難さの具体的表現。困難な事態に対する解決策。

3．バウムテストの所見の書き方

1）所見の組み立て方
　a）基本情報の記載：描画時間，利き手，描画時の被検者の言葉と行動。
　b）描画から気がついたことを5つの作業仮説に基づいて分類してみる。
　　　指標やサインがあるものは，参考書にあたりその意味を書き留め，ない場合には象徴的解釈から妥当だと思う意味内容を検討する。本書のサイン一覧を見れば，多くの指標やサインの中に検査者が気がついたものが含まれているように思う。
　c）所見を書くために必要な指標やサインはだいたい10個くらいに絞り込む。気がついたことがサインなどにない場合には，気がついたままを書いておく。

2）所見を書く
被検者の家族歴，問題行動などを踏まえ，バウムテストからわかったことを，根拠とな

る指標やサインなどを示しながら記載する．その際，ヴァヴァソリが指摘している 3 領域を意識して書くと所見が書きやすくなるように思われる．

　a）情緒領域：情緒や感情の状態について（情緒の安定・適切な感情反応／情緒的脆弱性・自信の欠如・依存心／情緒的不安定・感情の混乱）

　b）社会的領域：人間関係，社会適応能力（良好な社会適応・良好な人間関係／対人関係の困難さ・困難な社会適応／非社会化）

　c）知的領域：知的能力の状態（発達と正常知能／知的発達は正常だが，知的能力の活用が制限されている／知的能力の障害）

　所見を書くためには心理学用語や精神医学の基礎知識が要求される．

II　描画療法としてのバウムテスト

　所見を書き上げた後，検査のみで終了することもあれば，被検者との間でカウンセリングが続くことがあるかもしれない．その際，被検者からバウムテストについて所見を求められることがある．説明するのも心理療法の一部となる．所見はそうした状況で使われるので，被検者の今後の処遇方針や治療方針の参考になるように書かなければならない．

1．心理テスト，描画テストの実施と説明

　夢の木を描いてもらう際の危険についてはすでに述べた．一般に投影法検査は場合によって被検者の精神を不安定にさせることもある．描画は簡便な方法と言われるが，その導入に際していつ実施するのがよいかは悩むところである．筆者はクリニックの初診時に実施し，他の血液検査などと一緒に行う．通院が何回か続いた後で馴染みになってからでは「性格検査をする」とは言いにくい．知能検査やテストバッテリーを組んだ心理検査と一緒に実施するほうが，検査者にも被検者にも抵抗は少ないようである．

　被検者への説明では，テストから被検者を理解していることが伝わるように，

　①自己がよく表現されていると伝える．

　②何かを指摘する時には，「こんなふうに絵には描かれているよ」と，言う．

　③傷つけることは言わない．

という 3 つのことを心がけている。しかし,「傷つけないように」というのは,言うは易く行うは難しである。ある程度の説明で満足した様子を見せたら,そこで止めることにしている。わかったことをすべて言う必要はないので,治療的文脈を考え,伝えた方がいいと思われることだけにとどめておく。

2. 芸術療法としてのバウムテスト

　バウムテストから得た所見を踏まえて,被検者の心理療法が実施されている場合,かなり深刻な所見を伝えなければならないこともある。被検者の症状や問題に対して,被検者と共に向き合うのだから仕方がない。その場合,描画を前にしてカウンセラーは被検者であるクライエントにどのように向き合えばよいだろう。ジャン＝ピエール・クライン（2002；訳 2004）は,精神分析などを用いた精神療法は一人称の治療であり,芸術療法は三人称の治療だと言っている。つまり面接で対話を続けるクライエントは自分の悩みや問題を一人称で表現する。ところが芸術療法,例えば描画を用いた治療では,自分の悩みを直截に語るのではなく,三人称で語る。描かれたバウムテストについて,被検者が描いたとしても,悩みを語っているのは,「あなたではなく,木が語っている」という文脈に変換させる。そうすることで,被検者は深刻な内容の所見を受け入れていけるようになる。そして自分を理解してもらえているという安心感と,カウンセラーに対する信頼感が生まれる。
　いつも微笑みながらこう言うのである。「私が言った訳じゃない。木が語っているんですよ」と。

第7章

サイン一覧

I 出典

サインの出典は以下の通りである。

●コッホ

Koch, K.（1957）*Der Baumtest: Der Baumzeichenversuch als psychodiagnostisches Hilfsmittel. 3rd enl. ed.* Hans Huber, Bern u. Stuttgart.（岸元寛史・中島ナオミ・宮崎忠男訳（2010）バウムテスト［第3版］―心理的見立ての補助手段としてのバウム画研究．誠信書房．）

●ストラ

Stora, R.（1975）*Le test du dessin d'arbre.* jean-pierre delarge, Paris.（阿部恵一郎訳（2011）バウムテスト研究―いかにして統計的解釈にいたるか．みすず書房．）

●ボーランダー

Bolander, K.（1977）*Assessing Personality through Tree Drawings.* Basic Books.（高橋依子訳（1999）樹木画によるパーソナリティの理解．ナカニシヤ出版．）

●カスティーラ

de Castilla, D.（1994）*Le test de l'arbre: Relation humaines et problèmes actuels.* Masson, Paris.（阿部恵一郎訳（2002）バウムテスト活用マニュアル―精神症状と問題行動の評価．金剛出版．）

●愛原

愛原由子（1987）子どもの潜在脳力を知るバウム・テストの秘密―14年・20万例による不思議な実証．青春出版社．

II　各サインの抽出

　本表で取り上げたサインは，各研究者が図や絵で説明したものを対象とし，言葉だけで説明されているものについては，木の形態が推測できるものを一部取り上げた。

　コッホのサインは，指標のうち，第3章第3節早期型の各図式から15個，第4節から樹冠高と幹高の2個，第5章バウムテストの指標から103個を取り上げた。なお，早期型はアラビア文字で，バウムテストの指標は数字で番号を表記したため，早期型では「V．水平枝」だが，バウムテストの指標では5は根に対応している（表では，1線根と2線根になっている）。

　ストラのサインは，絵のないサインもあったが，巻頭の描画サイン番号一覧からすべてのサインを引用した。149個のサインがあり，下位分類を含めると178個のサインとなった。

　ボーランダーのサインは，巻末の図版索引を参考に下位分類を含め，510個のサインを取り上げた。その中で，サイン間で対応するものが多く見られたが，くり返しがボーランダーの特徴でもあるため，個々に扱うこととした。本文中に説明のないサインについては，図表番号のみを載せた。例えば，図29fでは，表に「図29f（p.188）」とだけ載せている。

　カスティーラのサインは，カスティーラが各性格特性と精神症状に見られる主なサインとして取り上げたものを用いたが，重複しているものが多く見られたため，巻末の表を参考にしながら同じカテゴリーにまとめた。

　愛原のサインは，総目次からすべての項目を取り上げ，それぞれの項目で掲載されている内容と絵を参考にサイン名とした。

Ⅲ　サインの分類方法

バウムテストの作業仮説に基づいて，描画サインを 1. 形態，2. 象徴，3. 描線，4. 空間図式，5. 特殊サイン，6. その他，に分け，さらに以下のように分類した。

1. **形態**：「木に見える（現実的な木・特殊な木，抽象的な木）」「木に見えない」「コッホの早期型」「シンメトリー・菱形」
2. **象徴**：「根」「根もと」「幹（幹の本数と幹の輪郭線，幹の表面）」「樹冠と幹の接合部」，「樹冠（樹冠輪郭線，樹冠内部・茂み，枝）」，「地面」，「付属物」，「風景」，「陰影（陰影の描線の用い方，陰影の位置）」
3. **描線**
4. **空間図式**：「位置」，「大きさ」，「はみ出し」，「傾斜・強調（幹の傾斜，樹冠の傾斜・強調）」
5. **特殊サイン**：「ウロ」
6. **その他**：「横書き」，「複数の木」

Ⅳ　表の読み方

各研究者のサインを縦軸に，カテゴリーごとにサインの種類をまとめたものを横軸にして，表を構成した。横一列に並んだサインは必ずしも同じ形態を指すとは言えず，おおまかに似た形態を表している。各サインには出典から引用したページを記しているので，サインの形態や解釈，意味については出典で確認されたい。空欄は各研究者がサインを挙げていないことを示している。

例えば，「樹冠の傾斜・強調」の表を見てみよう。樹冠が上下左右どの方向に広がるかで，「上」「下」「右」「左」「その他」の５つのカテゴリーに分かれているが，ここでは「右」と「左」のカテゴリーを抜粋している。

樹冠の傾斜・強調

		コッホ	ストラ
右		53. 右の強調（p.219）	66. 右に広がる樹冠部（p.37）
		54. 右へ流れるのが優位な場合（p.222）	
左		53. 左の強調（p.219）	67. 左に広がる樹冠部（p.37）
		54. 左へ流れるのが優位な場合（p.222）	

　左方向に広がる樹冠を表すサインは，ストラでは「67. 左に広がる樹冠部」，ボーランダーでは「図7b. 左に傾斜した樹冠」，カスティーラでは「左に傾いた茂み」である。ストラ，ボーランダー，カスティーラのサインは1つしかないが，コッホ，愛原のサインは2つある。コッホの「53. 左の強調」は，幹の中心を通る垂直線から樹冠幅を測定した時に左側の方が広いことを意味し，「54. 左へ流れるのが優位な場合」は幹の先端もしくは大部分の枝の湾曲が左に向いていることを意味している。このような区別を，ストラ，ボーランダー，カスティーラは行っていないが，コッホの2つのサインはストラらのサインとほぼ同じ形態を意味していると考え，同じ列に並べた。一方，愛原の「枝葉が幹の左側だけにかたよってしまっている木」と「左側だけに張りだした枝」のサインは，両者ともに枝の方向性について言及しているため，コッホの「53. 左の強調」と同じとは考えずその列は空欄で示した。

　最後に，簡単にではあるが，各研究者のサインの特徴をあげたい。コッホは「早期型」を見出して発達のサインを提示し，「さまよい」「拮抗形態」など枝の伸び方や樹冠内部の配置に関するサインを多く取り上げている。コッホの指標は意味が多義的で解釈が困難だが，彼の功績は一通り指標を挙げ，サインの基礎となる着想を生んだことにある。

　位置，大きさ，はみ出しなどの空間図式のサインを確立したのはストラである。空間図式のサインはもちろんのこと，果物などを「マル」と表現するなど，ストラのサインは印象に頼らない形態を重視したサインとなっている。樹冠内部の構造を表した「シンメト

第7章　サイン一覧

ボーランダー	カスティーラ	愛原
図7a. 右に傾斜した樹冠（p.102）		枝葉が幹の右側だけにかたよってしまっている木（p.138）
		右側だけに張り出した枝（p.220）
		画面から突き出るくらい枝が右側だけに集中している（p.62）
図7b. 左に傾斜した樹冠（p.103）	左に傾いた茂み（p.174）	枝葉が幹の左側だけにかたよってしまっている木（p.182）
		左側だけに張り出した枝（p.222）

リー構造」や「菱形模様」のサインはストラ独自のものだ。

　ボーランダーのサインは細分化され，その数がとりわけ多い。その理由として，木の形状だけでなく，描線の用いられ方や位置，木の部位間の関連について検討していることが挙げられる。同じ形態を指し示すサインも見られ，例えば幹に挙げたサインを，根の意味から捉え直して根もとのサインにも挙げている。他の研究者に比べ，「地面」「根」のサインが豊富である。

　描線そのもののサインを提示したのはカスティーラである。表ではサインを形態ごとに取り上げたが，例えば「濃い陰影」「小さな木」「用紙の左側に位置する」のは不安のサインになるなど，カスティーラはサインの組み合わせから臨床像を結びつけている。これをストラは心理的項目にいくつかのサインが収束するとして「サインの布置」と呼んでいる。カスティーラは精神症状に特化している。

　子どもたちを対象に臨床経験からサインを導いた愛原は，「書き方が乱雑になっていく」「漢字の木をかく」など，実際にバウムテストを実施していると出会うことのあるユニークなサインを挙げている。彩色を施しているためか，描線についてのサインがなく，「楽しげだが黒い幹や切り株のある木」や風景のサインなど，描画の印象を含めたサインがある。

1. 形態

木に見える（現実的な木・特殊な木）

		コッホ	ストラ
落葉樹			
			59b. 葉のない木（p.35）
			65i. 枝垂れ柳（p.37）
			65h. 椰子の木（p.37）
針葉樹			

木に見える（抽象的な木）

		コッホ	ストラ
落葉樹			
		22. 格子状の垣で育ったバウム［整枝法］（p.174）	
針葉樹			

第7章 サイン一覧

ボーランダー	カスティーラ	愛原
図10a. 葉のある果樹（p.117）		実がついた木［葉あり］（p.112）
		実がついた木［葉なし］（p.113）
図10b. 葉の多い開いた木（p.118）		
図10c. 冬枯れの木（p.119）	しばしば茂みと葉が欠如（p.41），葉のない枝（p.66, 153），葉のない単線の枝が描かれた小さな木（p.89）	まったく葉がない木（p.176）
図10d. 枯れ木（p.119）		
図10e. ヤナギの木（p.121）	下方に下がる茂み［しだれ柳などの種類］（p.89, 153, 165, 174）	枝が下がって元気のない木（p.128）
図10f. ポプラの木（p.122）		
図10g. ヤシの木（p.123）		ヤシの木（p.82）
図11a. マツ科の型［マツ，モミ，トウヒの木］（p.124）		
図11b. イチイの型［イチイ，イトスギ，西洋ネズの木］（p.125）		
図11c. d. ヒラヤマスギの木［西洋のヒラヤマスギと東洋のスギ］（p.128）		

ボーランダー	カスティーラ	愛原
図12b. 抽象的な夏の落葉樹，樹冠の波型の輪郭（p.134）		
図12c. 抽象的な夏の落葉樹，半円形の輪郭（p.134）		
図12d. 抽象的な夏の落葉樹，樹冠がループ状（p.134）		
図12e. 抽象的な果樹（p.134）		実がついた木［葉あり］（p.112）
		実がついた木［葉なし］（p.113）
図12f. 抽象的な「剪定された木」（p.134）		棚型の木［枝が棚状に硬直した形］（p.48）
		庭師に刈り込まれた木（p.136）
図12g. 単線の抽象的な冬枯れの木（p.137）		
図12h. 抽象的なヤナギの木（p.138）		
図12i. 抽象的なポプラの木（p.139）		
図13b. 抽象的なモミやマツの木（p.143）		
図13c. クリスマスツリー（p.144）		

木に見えない

	コッホ	ストラ
早期型	7. モミ型幹 (p.156)	
	7. 半モミ型幹, 幹上直 (p.156), 32. 幹上直 (p.190)	
		81. 樹冠部と1本の線で分断されている幹 (p.40)
抽象的	66. 本来の形ではない形 (p.235)	
擬人型	74. 人間の形にすること (p.250)[*1]	
一部		
木ではない		

*1 擬人型について本文では特殊型に入れたが、表では形態に入れている。擬人型の木は木そのものが人を連想させるので、形態では木に見えることもあるし、見えないこともある。

第7章 サイン一覧

ボーランダー	カスティーラ	愛原
	S型の幹［コッホによれば樹冠部を貫く幹］（p.51）	
	稚拙な描き方（p.51, 58），貧弱なあるいは子どもっぽい形態（p.58），子どもっぽい形態（p.153）	
図32c. d. 本質的に切り株といえるものに，枝をきわめて不自然につける（p.196）	1本の線で茂みと分割されている幹（p.58）	
図12a. 極端に抽象的な落葉樹（p.131）	木とは思えない形態（p.153, 174），抽象的でちぐはぐな形態をした，強調された樹冠（p.236）	
図13a. 極端に抽象的な針葉樹（p.142）		
図14a.b. 空白の部分を満たした空想の木（p.145）		
図14c. 曲線の空想の木（p.145）		
図14d. 角ばった空想の木（p.147）		
図14e. 組み立て玩具の木（p.147）		
		マンガ風に描いた木（p.84）
		マンガチックに擬人化した木（p.84）
図12j. 一部を描いただけの樹木画（p.141）		実のある枝の一部分だけを書く（p.113）
		葉の部分だけを書いた場合（p.190）
	鉢植えの木（p.41, 165, 174）	植木鉢に書いた木（p.56）
	箱に入った木（p.131）	
		木を書けず花瓶の花（p.58）
		真上から見下ろした木（p.64）
		木を下から仰ぎ見た感じの木（p.66）
		「木」「き」などの文字や「鍵の絵」など意表をつく絵（p.204）
		草とも木ともつかない木［まるで竹か草のような感じの木］（p.60）
		形がはっきりしない木々［模様なのか］（p.88）
		書き方が乱雑になっていく（p.126）

コッホの早期型

コッホ	ストラ
Ⅰ. 一線幹（p.73）	84. 単線の幹（p.41）
Ⅱ. 一線枝（p.74）	53. 単線の枝（p.34）
Ⅲ. 二線枝（p.76）	55. 2本線の枝（p.34）
Ⅳ. 直線枝（p.78）	
Ⅴ. 水平枝（p.79）	15. 水平方向の対称［幹を軸として］（p.26）
Ⅵ. 十字型（p.79）	
Ⅶ. 空間倒置（p.80）	
Ⅷ. 日輪型や花型（p.81）	62. 花を網状に編んだような波形の樹冠輪郭線（p.36）
Ⅸ. 低在枝（p.81）	
Ⅹ. 枝が無くて上端が閉じた幹，あるいは貧弱な枝のある上端が閉じた幹（p.84）	82. 逆V字型の幹の先端（p.40） 82b. 潰れたドーム型をしている幹の先端（p.40）
Ⅺ. 幹上直（p.85）	81. 樹冠部と1本の線で分断されている幹（p.40）
Ⅻ. 幹下縁立（p.85）	123. 用紙の下縁からはみ出した幹（p.48）
ⅩⅢ. まっすぐな根元（p.86）	
ⅩⅣ.［その他］*2（p.88）	
ⅩⅤ. 多数の木を描くこと（p.88）	1. 複数の木（p.24）

*2 ⅩⅣ［その他］で，コッホは「43. 黒く塗られた幹」，「38. ステレオタイプ」，「77. 大きすぎる実と葉」を上げている。

シンメトリー・菱形

	コッホ	ストラ
シンメトリー	7. モミ型幹（p.156）	16. 斜め上方向の対称［幹を軸として］（p.27）
	Ⅴ. 水平枝（p.79）	15. 水平方向の対称［幹を軸として］（p.26）
		17. 交互に水平方向の対称［幹を軸として］（p.27）
		18. 交互に斜め上方向の対称［幹を軸として］（p.27）
		19. 水平方向の対称［枝を軸として］（p.27）
		20. 斜め上方向の対称［枝を軸として］（p.27）
		21. 交互に水平方向の対称［枝を軸として］（p.27）
		22. 交互に斜め上方向の対称［枝を軸として］（p.27）
		22b. 相反する枝［対称的，あるいは交互に見られることもある］（p.28）
菱形模様		55c. 菱形模様と未完成の菱形模様（p.34）
		56. 菱形模様と未完成の菱形模様が単線で描かれ，丸のある樹冠部（p.35）
		57. 菱形模様と未完成の菱形模様が単線で描かれ，丸が少ない樹冠部（p.35）
		58. 枝が単線あるいは2本線の菱形模様で構成され，丸のある樹冠部（p.35）
		59. 枝が単線あるいは2本線の菱形模様で構成され，丸のない樹冠部（p.35）
		60. 菱形模様と未完成の菱形模様が2本線の枝で描かれ，丸のある樹冠部（p.35）
		61. 菱形模様が2本線の枝で構成され，丸が少ない樹冠部（p.35）

第 7 章　サイン一覧

ボーランダー	カスティーラ	愛原
図37g. 単線のストロークの幹（p.205）		
図22j. 単線の枝（p.175）	単線の枝（p.41, 51, 58）	
図23a, e. まっすぐな枝の形（p.177）		
	根もとまでが茂みとして表現される（p.51）	
図32c, d. 本質的に切り株といえるものに、枝をきわめて不自然につける（p.196）	1本の線で茂みと分割されている幹（p.58）	
図5b. 用紙下方の縁で木の下部が消失している木（p.96）		下のヘリから伸びている木（p.70）

ボーランダー	カスティーラ	愛原
図29e. 左右相称の枝の構造：T型の幹（コッホ）、ヤナギ、ヤシ、針葉樹（p.190）	茂みの中に見られる対称的なライン構成（p.89）、描線を対称的に描く（p.102）	

2. 象徴
根

	コッホ	ストラ
根を示唆		
根の形状	5. 二線根（p.151） 5. 一線根（p.151）	14. 2本線の根（p.26） 13. 単線の根（p.26）
根の描線		139b. 安定しない歪んだ直線で描かれた樹冠や根（p.50）
根の構造		
根の交差		23. 根に見られる描線の交叉（p.28）
根の端		
大きさ		10. 幹や樹冠に比べて遙かに小さな根（p.25） 11. 幹や樹冠と同じくらいの長さの根（p.25） 12. 幹より遙かに大きな根（p.26）

第7章 サイン一覧

ボーランダー	カスティーラ	愛原
図49a. 陰影（p.216）		
図49b. スクリブル（p.216）		
図49c. d. ごくわずかの散らばったラインで示唆した根（p.216）		
図50a. 2本線の根（p.216）		
図50b. 抽象的な単線の木にみられる単線の根（p.216）		
図50c. 単線の根が具象的な木の根として描かれる（p.216）		
図51a. つりあいのとれた根（p.217）		
図51b. 地面の表面にそって伸びた，明らかに平坦な根（p.217）		
図51c. 密集してまとまった根（p.218）		
図51d. 不つりあいに大きく，詳しく描かれた根（p.218）		
図52a. 連続したストローク（p.218）		
図52b. 細かいラインが接近しているストローク（p.218）		
図52c. 散乱したラインのストローク（p.218）		
図53a. 単純でまっすぐな根（p.218）		
図53b. 単純で2つに分かれた根（p.219）		
図53c. 根の先が尖っている（p.219）	ギザギザした形の根（p.131, 174） 大きく末端が尖った根（p.131）	
図53d. 曲がって指のような根（p.219）		
図53e. 角ばってつかむような根（p.219）		
図53f. 波形の曲がりくねった根（p.219）	太く盛り上がる多数の根（p.109）	
図54 大きな根がいくつかあり，そのなかの1つだけが他の根の上か下かで交差している（p.220）		
図56b. 枝状になった根で立体的にいり組んで交差している（p.221）		
図56a. 交差して枝状になった根（p.221）		
図55a. 枝状になって交差していない根；根の始まるところが開いている（p.220）		
図55b. 枝状になって交差していない根；根の始まるところが閉じている（p.220）		
図57a. 端が単純で先細りの開いた根（p.222）		
図57b. 端が広くなっている根（p.222）		
図57c. くさび型（p.222）	大きく末端が尖った根（p.131）	
図57g. 爪の形（p.222）		
図57d. のみの形（p.222）		
図57e. まっすぐで丸くなった根の端（p.222）		
図57f. すがりつく指のような根の端（p.222）		
図57h. ひづめの形（p.222）		
図57i.（p.222）		
図57j. 細い毛のような根（p.222）		
図57k. 一筆書きのストロークの根か，漠然と描かれた根の構造（p.222）		
図8b. 根の強調（p.109）	大きく拡がる根（p.153）	

143

根もと

	コッホ	ストラ
根もとの形状	6. ［幹の根元の］広がり，円錐幹（p.154）	95. 幹の下部が広がっている（p.43）
	6. 左側の広がり（p.154）	
	6. 右側の広がり（p.154）	
		96. 幹の下部が細くなっている（p.43）
		96b. 幹の下端がハンダ付けの形になっている（p.43）
根なし地面なし	26. 下端が開いた幹［まっすぐな根元のバウムのみ］（p.178）	86. 樹冠と繋がっていて，下方に開いている幹［地面や根が描かれていない］（p.41）
根なし地面あり		
根あり地面なし		
根あり地面あり	70. 幹の根元と根の始まりと地面線の融合（p.244）	
その他		

第 7 章　サイン一覧

ボーランダー	カスティーラ	愛原
図 34a. 誇張されたじょうご状の幹（p.201）	錐体の幹（p.58）	
図 39b. 地面のラインも根も描かれていない；根元が広くなっている（p.207）		
図 33b. 根元がじょうご状に少し広がったり，平行のラインが徐々に広がった幹（p.201）		
図 39c. 地面のラインも根も描かれていない；左側だけが広くなっている（p.207）		
図 39d. 地面のラインも根も描かれていない；右側だけが広くなっている（p.207）		
	丸まった根もと（p.41）	
図 39a. 根元がまっすぐ開いている（p.207）		
図 39b. 根元が広くなっている（p.207）		
図 39c. 左側だけが広くなっている（p.207）		
図 39d. 右側だけが広くなっている（p.207）		
図 41a. 根が描かれず，破線で地面のラインが暗に示されている幹の根元（p.208）		
図 41b. 根が描かれず，草で地面のラインが暗に示されている幹の根元［木を十分詳細に描き，枝も描かれているのに根がまったくない場合］（p.208）	草むらで覆われている木の根もと（p.131）	木が草に埋もれている（p.116）
図 42. 根が描かれず，地面のラインが描かれた幹の根元（p.209）		
図 43a. 根が両側に水平に広がっている（p.210）		
図 43b. 地面が描かれていないが，地面に入り込んでいるような根の構造（p.210）		
図 44. 幹の根元で多くの細かい根が描かれている（p.210）		
図 45a. 根が十分に分化している（p.211）		
図 45b. c. d. 切断したラインの下にごくわずか根の指標がある（p.211）		
図 40. 幹の根元が外側へ曲がって地面のラインとなっている（p.207）		
図 46a. 根を簡単に省略して描く（p.213）		
図 46b. 根の構造を詳細に描く（p.213）		
図 47a.b.c. 根が描かれ，地面のラインが暗に示されている（p.214）		
図 48a. b. c. d. 根が描かれ，地面のラインも存在している（p.214）		
図 81a. 幹の右側の地面のラインの上の 1 本の根（p.256）		
図 81b. 幹の左側の地面のラインの上の 1 本の根（p.256）		

幹（幹の本数と幹の輪郭線）

	コッホ	ストラ
1本の幹	I．一線幹（p.73）	84. 単線の幹（p.41）
		85b. 2本線の幹（p.41）
		85. 2本線の幹と単線の枝（p.41）
複数の幹		
幹の描線	39. まっすぐで平行な幹（p.204）	
		135. 明瞭な直線で描かれた幹の輪郭線（p.49）
	15. ふくらみとくびれ（p.166）	
	9. 幹の波状輪郭（p.161）	137. 曲線でゆっくりと描かれた幹の輪郭線（p.49）
		136. 曲線で素早く描かれた幹の輪郭線（p.49）
		145. 明瞭な描線で描かれた幹の輪郭線（p.51）
		126. 棍棒状の描線で描かれた幹や地面（p.48）
		128. 矢のような鋭い描線で描かれた幹と地面（p.49）
		143. 筆圧の強い描線で描かれた幹の輪郭線（p.50）
		131. ぼんやりとした描線で描かれた幹（p.49）
安定した↕不安定な		140. 安定した描線で描かれた幹（p.50）
		139. 安定しない歪んだ直線で描かれた幹の輪郭線（p.50）
	8. 短くて不連続な，幹の線と枝の線（p.160）	141. 破線で描かれた幹の輪郭線（p.50）
	10. 拡散し分散した幹の輪郭（p.161）	
	31. 枝［と幹］にみられる不連続線（p.189）	
		142. 多種類の描線で描かれた幹の輪郭線（p.50）
左右差	8. 右あるいは左の均整の取れていない線の引き方（p.160）	
		93. 幹の輪郭線が下端で左が長い（p.42）
		94. 幹の輪郭線が下端で右が長い（p.43）
輪郭線なし		

第 7 章 サイン一覧

ボーランダー	カスティーラ	愛原
図37g. 単線のストロークの幹（p.205）		
図35d.e. 幹と樹冠の移行点の手前で、幹が分かれて2つの分離した部分になる木、二重の幹（p.203）	縦に二分割された幹（p.153）	
		根元から幹が分化している木（p.52）
図33a. まっすぐで完全に平行（p.201）		柱のような幹（p.46）
図33c. 反対向きのじょうご状で、幹の根元が完全に平行であるが、樹冠への移行が広くなっている（p.201）		
図34b. 誇張されたじょうご状の幹（p.201）		
図33d.（p.201）		
図34c. 誇張されたじょうご状の幹（p.201）		
図35a. ふくらみが幹の右側にある（p.202）		
図35b. ふくらみが幹の左側にある（p.202）	幹の幅が広がったり狭まったりする（p.165）	幹の一部が異常に大きく膨らんでしまっている木（p.140）
図35c. 幹全体が波型の形に曲がっている（p.202）	くびれた幹（p.153）	
	幹の中心に向かう矢のような線（p.109）	
図37a. 幹の輪郭が強い連続したラインで描かれ、非連続のラインが1つ2つの枝のみ生じる（p.205）		
図37d. 角張った波型のストローク（p.205）		
図37b. 破線のストローク（p.205）		
図37c. 細かいラインの接近したストローク（p.205）	描線が切れ切れになっている幹（p.89）	短線を重ねた幹（p.148）
図82g. 右側にある多くの細かくて接近したラインの傷跡（p.260）		
図37e. 幹を形成する実際の輪郭がなく、垂直のストロークが小さなたばとして描かれる（p.205）		
図37f. 幹を形成する実際の輪郭がなく、水平［らせん状］の線で描かれる（p.205）		

147

幹（幹の表面〈樹皮〉）[*3]

	コッホ	ストラ
縦線	13. しみのついた表面（p.163）	
曲線	13. 線：カーブした，丸い，弓形の（p.163）	
横線		
模様	13. 線：鋭い，角張った，角のある，まっすぐの，ぎざぎざの（p.163）	133. 幹の内部に筆圧の弱い描線が見られる（p.49）
		49b. 幹の内部が細かに描かれている（p.33）
		146. 幾何学模様で描かれた幹の内部や樹冠内部（p.51）
交差		24. 幹に見られる描線の交叉（p.28）

*3 幹の表面に見られるサインは，陰影のサインでもある。

第 7 章　サイン一覧

ボーランダー	カスティーラ	愛原
図76a.b.c. 縦の破線で描かれた樹皮（p.250）		
図75a. 長い縦の平行なライン（p.250）	〈縞模様の〉幹（p.109）	
図75b. （p.250）		
図75c. 細かいラインが接近している（p.250）	ゴツゴツした樹皮（p.109）	模様を書き込んだ樹皮（p.198）
図79d. 不規則な曲線で特に模様をつくっていない樹皮（p.253）		
図78a. 連続した横の曲線の樹皮（p.252）	〈縞模様の〉幹（p.109）	
図78b. 透明の幹（p.252）		
図78c. 鉛筆を連続的に動かして環状の形を圧縮して描いた時（p.252）		
図77a. 鏡に映った曲線のような縦のラインで描かれた樹皮（p.251）		
図77b. 樹皮のいり組んだラインの形，「鎖帷子」（p.251）		
図77c. （p.251）		
図79a. 縦のラインと横のラインを結合した描き方（p.252）		
図79b. 屋根瓦のような樹皮（p.252）		
図79c. 印形の樹皮（p.252）		
図79e. 交差した斜めのライン（p.253）		

樹冠と幹の結合部

	コッホ	ストラ
樹冠と幹が区切られていない	26. 上端が開いた幹（p.178）	
樹冠と幹が区切られていない	26. 下端が開いた幹［まっすぐな根元のバウムのみ］（p.178）	86. 樹冠と繋がっていて，下方に開いている幹［地面や根が描かれていない］（p.41）
樹冠と幹が区切られていない		87. 樹冠部に入り込んでいる幹（p.41）
区切られているようにみえる		
樹冠輪郭線で区切られている		83. 下に凸型の曲線で幹を区分している樹冠（p.41）
樹冠輪郭線で区切られている	7. 半モミ型幹（p.156）	81. 樹冠部と1本の線で分断されている幹（p.40）
樹冠輪郭線で区切られている	32. 幹上直（p.190）	
幹で区切られている		87. 樹冠部に入り込んでいる幹（p.41）
幹で区切られている	7. モミ型幹（p.156）	82. 逆V字型の幹の先端（p.40）
幹で区切られている		82b. 潰れたドーム型をしている幹の先端（p.40）
樹冠と幹が離れている		88b. 幹から離れている樹冠部（p.42）

第 7 章 サイン一覧

ボーランダー	カスティーラ	愛原
図30a. 樹冠が始まる所で幹が２つの大きな枝に分かれる（p.192）		
図30b. 移行点でいくつかの大きな枝が幹から扇型にでている（p.193）		
図30c. 幹のラインの片側が樹冠の領域に少し伸びている；左側（p.193）		
図30d. 幹が木の右側の樹冠に伸びている（p.193）		
図30e. 最も普通の形での開いた幹の樹冠の移行（p.193）		
図30f. 幹の輪郭の両側が樹冠の領域に伸びている（p.194）		
図31a. 多くの細かい単線の枝が，幹との移行点に集まっている（p.195）		
図31b. 枝が貝の構造に配置された時（p.195）		
図31c. 幹と樹冠の移行が，上から下がっている茂みでおおわれている（p.195）		
図31d. 茂みを表す破線や，細かい線が接近したラインで，樹冠と幹の移行を部分的に閉じている（p.195）		
図32b. 開いた幹が硬い茂みのラインで切り離されている（p.196）		
図32c. d. 本質的に切り株といえるものに，枝をきわめて不自然につける（p.196）	１本の線で茂みと分割されている幹（p.58）	
図32a. 樹冠のなかまで伸びている幹であり，幹の端が閉じている（p.196）		

151

樹冠（樹冠輪郭線）

		コッホ	ストラ
樹冠の形			
			51. テタール型の樹冠（p.33）
			52. 変型したテタール型の樹冠（p.34）
			52b. 子どもっぽいテタール型の樹冠（p.34）
			35. 樹冠部の長さは幹の1/3以下で，樹冠の形は丸の付いた小さな花束型（p.31）
			36. サイン35と同じだが丸がない樹冠（p.31）
		60. 空白の空間（p.231）	
樹冠輪郭線		20. 樹冠に描かれた弓状の線（p.174）	144. アーケード型の樹冠（p.51）
		28. カール状樹冠［動かされること］（p.186）	63. ループ状の樹冠輪郭線（p.36）
			62. 花を綱状に編んだような波形の樹冠輪郭線（p.36）
			65d. 刺繍のような形の樹冠（p.36）
		25. 同心円型の樹冠［聖体顕示台型］（p.178）	65b. 同心円状に広がる樹冠（p.36）
			65e. 樹冠輪郭にさらに輪郭線が書き加えられた樹冠（p.36）
		61. 平坦化した樹冠，平板化した樹冠（p.232）	
			43b. 用紙の縁に沿った樹冠輪郭線（p.32）
		18. 皮を被った樹冠の枝（p.173）	
開いた樹冠			42. 開いた樹冠（p.32）
			42b. 糸のような描線で描かれた開いた樹冠（p.32）
			43. 短い曲線で描かれた開いた樹冠（p.32）
			44. 樹冠輪郭線がところどころで切れている（p.32）
		19. 雲状の丸い形で包まれた枝先（p.173）	
閉じた樹冠		17. 球形樹冠［閉じた形／平面］（p.170）	
			65. 糸のような描線で描かれた閉じた樹冠（p.36）
			64. 樹冠内部や輪郭線が短い曲線で描かれ，樹冠輪郭線は切れていない（p.36）

第 7 章 サイン一覧

ボーランダー	カスティーラ	愛原
図 16a. 球形（p.160）		
図 16b. 横に広い楕円形（p.160）		
図 16c. 縦に長い楕円形（p.161）		
図 16d. 四角い形（p.161）		
図 16e. 三角形［多くの針葉樹の典型例］（p.160）		
図 16f.「きのこ」型,「傘」型（p.161）		キノコ型（p.86）
図 16g.h. ある部分がなくなったり切り取られた，変則的な樹冠の形（p.162）		
図 12c. 抽象的な夏の落葉樹，半円形の輪郭（p.134）		
図 12d. 抽象的な夏の落葉樹，樹冠がループ状（p.134）		
図 12b. 抽象的な夏の落葉樹，樹冠の波型の輪郭（p.134）		
図 15m.「S」型の波（p.157）		
図 15n.「M」の波（p.157）		
図 15o. 柔らかい「W」の波（p.157）		
図 15p. 角ばった波（p.157）		
		上から押しつぶされた木（p.122）
図 19b. 開いた木の茂み（p.168）		
図 25a.b. それぞれが開いた 2 本線の枝で，末端に数枚の葉を描いたり，茂みを示したりしている（p.181）		枝先のふわふわした葉（p.202）
図 25c. 尖った枝の端に少しある茂み（p.181）		
図 25d. 多くの葉が単線の枝の端に付加されている（p.181）		
図 25e. 枝の端につぼみを描く（p.181）		
図 25f. 一連の細いストロークで終わる単線の枝（p.181）		
図 25g. 2 つの単線の枝か管状の枝で，枝の端の両側に小さいストロークでさらに枝を描いた（p.182）		
図 25h. 2 本線の枝が 2 つの単線の枝に分かれ，それぞれに葉が描かれている（p.182）		
	完全に閉じられた茂み（p.41）	
図 19a. 閉じた樹冠で示唆されている茂み（p.167）		

樹冠（樹冠内部・茂み）

	コッホ	ストラ
樹冠内部の有無		46. 樹冠は閉じていて，内部に何も描かれていない（p.32）
		45. 樹冠は閉じていて，内部がびっしり描かれている（p.32）
枝の構造的配置	30. 枝の整合性（p.189）	
	64. 主枝から分枝への移行［均衡をとることと分化］（p.235）	
	62. 洗練［豊かで細かな枝分かれ］（p.233）	
	35. さまよった長すぎる枝（p.198）	
	36. 歪曲（p.201）	
	51. 逆向きの分枝（p.217）	
	23. 中心化（p.176）	
	24. 一線枝の放射状樹冠［遠心性］（p.177）	41. 四方八方に向かう樹冠（p.32）
	27. 散在している管状枝（p.185）	
	49. 拮抗形態（p.217）	
	50. 相互にずれた括弧（p.217）	
交差	52. 線の十字交差［枝の十字交差］（p.219）	25. 樹冠に見られる描線の交叉（p.28）
付属物の配置	37. 規則性（p.201）	
	38. ステレオタイプ（p.202）	48. 樹冠内部が単調なディテールで描かれている（p.33）
	33. 積み重ね型，建て増し（p.194）	
		50. 樹木の内部が分割されて系列的に描かれている（p.33）
		49. 樹冠内部がさまざまなディテールで描かれている（p.33）
		47. 樹冠内部に描かれたディテールが木全体から遊離している。樹冠および幹の輪郭線でつくられた下向きの袋の中に取り込まれた小さな丸（p.33）

第 7 章　サイン一覧

ボーランダー	カスティーラ	愛原
		輪郭だけで中身のない木（p.230）
図 29d. 階層的な構造であり，いくつかの大きい枝から小枝，さらに細い枝が分かれた配置（p.190）		
	豊かな茂み（p.48）	
	巨大で鬱蒼とした茂み（p.153），誇張された大きな茂み（p.174）	
図 29a. 管状の枝が同心円あるいは求心的に描かれる（p.188）		
図 29b. 平行の枝の配置（p.189）		
図 29c. 枝が幹から放射線状に外に広がる（p.190）		放射状に上に広がった木（p.74）
図 29f. 遠心的な構造（p.190）		
図 31b. 枝が貝の構造に配置された時（p.195）	大きく外に向かって拡がった樹冠の縁（p.48）	枝が噴水のように上に広がっている（p.78）
図 28d. 広く分散したいくつかの 2 本のライン（p.187）		
図 28e. 分散した単線の枝（p.187）		
図 90a. 2 本のストロークによる×の形（p.272）	茂みの中で交差しぶつかり合う描線（p.78）	
図 90c.d. 枝によって×の形や十字が描かれる（p.272）	交差する枝（p.131），枝の交差（p.153），茂みの中の交差する枝（p.165）	
図 28b. 小枝が互いに交差している時，ある枝が明らかに他の枝の上に描かれている（p.187）		
図 28c. 互いに交差し，多くの枝が下を向いていたり，あまりに多くの小枝が反対の方向を向いている（p.187）		
	繰り返しのパターン（p.51）	
	常同的［規律性の誇張］（p.58）	
	短い描線や円などの繰り返し（p.153），茂みの中の，繰り返しの短い描線，濃い陰影，円（p.165）	

155

樹冠（枝）

	コッホ	ストラ
枝の形状・描線	Ⅱ.一線枝（p.74）	53.単線の枝（p.34）
		55.2本線の枝（p.34）
		148.枝がない（p.51）
	16.平行の枝（p.168）	
	26.管状枝［開いた形］（p.178）	
	40.まっすぐで角ばった形（p.205）	
	32.枝先直（p.190）	
	34.直交分枝［早期型］（p.196），Ⅳ.直線枝（p.78）	
	41.丸い形（p.206）	
	15.ふくらみとくびれ（p.166）	
	16.先太りの枝（p.168）	65g.先に行くほど太くなり先端が閉じている枝（p.36）
	31.枝［と幹］にみられる不連続線（p.189）	
	63.変質した形（p.234）	
枝の末端	26.管状の枝［開いた形］（p.178）	
	21.シュロの葉の形の枝（p.174）	
	65.とげの形，短刀の形（p.235）	

第7章 サイン一覧

ボーランダー	カスティーラ	愛原
図22j. 単線の枝（p.175）	単線の枝（p.41, 51, 58）	
図23a. e. まっすぐな線［aは2本線，eは単線］（p.177）		
図22a. 平行の枝（p.172）	管状の枝（p.102, 109, 131, 174）	
図23d. i. 角ばった形［dは2本線，iは単線］（p.177）		
図22h. 角ばった管のような枝（p.174）		
図22i. 角ばった枝が下方に向かっている（p.174）		
図23b. f. 曲がった形［bは2本線，fは単線］（p.177）		ぐにゃぐにゃ曲がった枝（p.200）
図23g. 著しく末端が湾曲し，全体に波のような形（p.177）		
図23c. h. 波のような形［cは2本線，hは単線］（p.177）		
図23j. スクリブルの枝（p.176）		
図22e. 途中がくぼんだ枝（p.173）		枝の途中がくびれている（p.142）
図22f. 途中がふくれた枝（p.173）		
図22b. じょうごの形（p.172）		
図22c. 逆じょうご型（p.173）		
図22d. 枝の片方のラインは枝の元の方から直線であり，非相称的に狭くなっている（p.173）		
図22g. 中間の所で閉じて，その後新しくなった枝（p.174）		
図24a. 2本線の枝：末端が開いている平行の枝（p.178）	管状の枝（p.102, 109, 131, 174）	
図24b. 2本線の枝：開いた枝の片方が「鈎（かぎ）」のように描かれている（p.179）		
図24c. 2本線の枝：枝の末端が多くの細い毛髪のようなラインで終わっている（p.179）		
図24d. 2本線の枝：幅広い枝の末端が閉じている（p.179）		
図24f. 2本線の枝：先の尖った枝の末端（p.179）	先の鋭い枝や葉（p.109）	
図24g. h. 2本線の枝：釣り針や鉤爪のような枝の末端（p.180）		
図24i. j. 単線の枝（p.181）		
図24k. 単線の枝：端の細い釣り針（p.181）		
図24l. 単線の枝：ストロークが下方から上がって頂上で湾曲した末端（p.181）		
図24m. 単線の枝：下方に向かったストロークで枝が湾曲した末端になっている（p.181）		

樹冠（枝つづき*4）

	コッホ	ストラ
2本線の枝の生え際	64. 主枝から分枝への移行［均衡をとることと分化］（p.235）	
	58. 三次元［正面に突き出た枝］（p.229）	
単線の枝の生え際	64. 主枝から分枝への移行［均衡をとることと分化］（p.235）	54. 単線と2本線の枝が混じっている（p.34）
		25. 樹冠に見られる描線の交叉（p.28）
冠下枝	一部低在枝（p.83）	78. 左の冠下枝（p.40）
		79. 右の冠下枝（p.40）

＊4 切られた枝，折れた枝についてはウロに記した。

第 7 章　サイン一覧

ボーランダー	カスティーラ	愛原
図 29d. 階層的な構造であり，いくつかの大きい枝から小枝，さらに細い枝が分かれた配置（p.190）		
図 28a. 同じような力の枝が少なくても 2 本は幹からでていて，これから互いに交差していない小枝や細い枝がでている（p.186）		
図 26a. 元が閉じた枝が上に向かう（p.182）		
図 26c. 元が開いていて上に向かう小枝（p.182）		
図 26b. 元が閉じた枝が下に向かう（p.182）		
図 26d. 開いた結合部分が下に向いている枝（p.183）		
図 26f. 不連続の小枝（p.183）		
図 26g. 大きな枝の正面から横に生えている開いた枝（p.184）		
図 26h. 大きな枝のなかに描かれた小枝の元が閉じている（p.184）		鋭く突き出た枝（p.232）
図 26i. 立体的な小枝の根元が大きな枝のなかに描かれ，交差している大きな枝の輪郭を隠している（p.184）		
図 26j. 立体的な枝の結合（p.184）		
図 26k. 大きな枝のなかに閉じこめられた小枝（p.184）		
図 26e. 小枝が大きな枝に垂直になっていて，根元が開いている（p.183）		
図 26l. 大きな枝が 2 つの小枝で二分される（p.184）		
図 27a. 2 本線の枝に単線の枝がついている（p.185）		
図 27b. 大きな 2 本線の枝に貫通するように描かれた単線の小枝（p.185）		
図 27c. 樹冠が単線の枝で形成されている時，枝と枝の結合の通常の形（p.186）		
図 27d. 単線の枝に多くの小さくて細かい枝がついている（p.186）		
図 27e. 大きな枝に接していない横の枝（p.186）		
図 27f. 大きな枝に接していない横の枝；不連続（p.186）		
図 27g. 小さい枝が交差している（p.186）		
図 27h. 単線の枝を人為的に配置（p.186）		
図 80a. b. 樹冠の下に描かれた 1 本の枝（p.254）		枝が幹の下に取り残された木（p.72）

地面

		コッホ	ストラ
地面のライン		70. 幹の根元と根の始まりと地面線の融合 (p.244)	
			6. 単線の地面 (p.25)
			128. 矢のような描線で描かれた幹と地面 (p.49)
			126. 棍棒状の描線で描かれた幹と地面 (p.48)
			9b. 複数の地面ラインで地面が区分されている (p.25)
草や石			7. 地面のさまざまな付属物 (p.25)
地面の傾斜		70. 斜めの地面線 (p.244)	8. 右上がりの地面ライン (p.25)
			9. 右下がりの地面ライン (p.25)
地面の位置		70. 幹の根元の上にある地面線 (p.244)	88. 地面から浮いている幹 (p.41)
		71. 幹の根元の下の地面線 (p.245)	
			89. 一本の線で地面から切り離されている幹 (p.42)
丘と島		72. 丘や島に立つ幹 (p.245)	
			149. 幹の根もとに円形が描かれている (p.51)

第7章 サイン一覧

ボーランダー	カスティーラ	愛原
	地面のラインがない（p.58）	
図58a. 幹と根を分けるラインによって地面を示している（p.223）		
図40. 幹の根元が外側へ曲がって地面のラインとなっている（p.207）		
図58b. 地面をわずかに示している（p.223）		
図58d. 地面を十分に描いている（p.223）		
図59a. まっすぐなライン（p.225）		
図59b. 不規則に曲がったライン（p.225）		
図61a. 1本の連続したラインか2本のライン（p.227）		
図61d. 早いストロークやスクリブルのストローク（p.227）		
		揺れて凸凹している地面，波うつ地面（p.210）
図61b. 破線のラインや細かい線が接近している（p.227）		
図61c. 細かい垂直のストロークや草を描く（p.227）		木が草に埋もれている（p.116）
図61e. 奥行の効果を表す水平のストロークによる不規則なライン（p.227）	幹の根もとに見られる黒い横線（p.78）	
図62a. 複雑に表現された地面（p.228）		
図62b. 垂直のストロークで構成された立体効果（p.228）		
図62c. 垂直と水平のラインの組合せによる複雑な地面の構成（p.228）		
図58c. 地面をかすかに描く（p.223）	草むらで覆われている木の根もと（p.131）	木が草に埋もれている（p.116）
図61f. かたまった草のラインで地面を示す（p.227）		
		地面を石でガッチリと固めてしまう（p.42）
図60a. まっすぐな地平線（p.225）		
図60b. 地面の右上への傾斜（p.225）		
図60c. 地面の右下への傾斜（p.225）		
		大きく傾いている地面［崖っぷちや谷間のような地面］（p.208）
図63a. 多かれ少なかれ幹の根元に描かれる（p.230）		
図63b. 幹の根元より著しく上に地面を描く（p.230）		地平線が幹の根元より高い（p.134）
図63c. 幹の根元よりも著しく下に描かれた地面（p.230）		根が浮き上がる（p.68）
図59c. 丘の形（p.225）		地面が盛りあがった上の広葉樹（p.194）
		地面が盛りあがった上の針葉樹（p.194）
図59d. 曲がったラインが木の周りに描かれ，島のようになっている（p.225）		

付属物

	コッホ	ストラ
芽	80. 芽（p.268）	
花	75. 花（p.252）	65f. 木の内部にも木以外の場所にも花が見られる（p.36）
葉	76. 葉（p.253）	
		59b. 葉のない木（p.35）
実	77. 実（p.256）	37. 樹冠に多くの丸が描かれている（p.31）
実と葉 *5	78. 空中の実（p.264）	
	77. 大きすぎる実や葉（p.262）	
	79. 落下中の，あるいは落下した実，葉，枝（p.265）	38. 樹冠の丸が落下している（p.31）
虫・動物	73. 付属品（p.246）	3. さまざまな付属物（p.24）

＊5　黒い実や葉は，陰影に記した。

第7章　サイン一覧

ボーランダー	カスティーラ	愛原
図72a. 枝の端のつぼみ（p.244）		
図72b. つぼみが枝の横に描かれる（p.245）		
図72c. 枝の端の花（p.245）		花，蝶，虫，鳥も書いた木（p.214）
図72d. 花を大きな枝に直接つけて描く（p.245）		
図20. 数枚の葉がはっきりと描かれた茂み（p.168）		
図21. 樹冠全部に細かい葉のある茂み（p.169）	葉の密生している木（p.66）	一枚ずつていねいに書いた葉っぱ（p.188）
図73b. 枝についた複数の葉（p.246）		
図73c. 枝にそって注意深く描かれた多くの小さい葉（p.246）		
図73a. 単線の枝の端に描かれた1枚の葉（p.245）		
図73d. 明らかに分離した幅の広い枝に多くの葉を1枚ずつ描く（p.246）		
図73e. 枝につかず樹冠内に散らばっている葉（p.247）		
	先の鋭い枝や葉，ヒイラギの葉（p.109）	
	しばしば茂みと葉が欠如（p.41），葉のない枝（p.66, 153），葉のない単線の枝が描かれた小さな木（p.89）	まったく葉がない木（p.176）
図74a, b. 2本線の枝か単線の枝についた熟した果実（p.248）		
図74c. 枝に垂れているベリー［イチゴなどの小果実］の房（p.248）		
図74d. 同じ木に2つの異なる型の果実が描かれる（p.249）		
図74e. 枝に腐った果実（p.249）		
図74f. 樹冠内の枝についていない果実（p.249）		
図74g. 落ちたり落ちてしまった果実（p.249）		
図73f. 木から落ちつつある葉や，既に地面に落ちた葉（p.247）		落ち葉が舞っている（p.110）
図86a. 図式化された空を飛ぶトリ（p.267）		花，蝶，虫，鳥も書いた木（p.214）
図86b. ムシに似た形（p.268）		
図86c. カタツムリ（p.268）		
図86f. ハチュウ類の舌（p.268）		
	樹冠部や木の周囲に見られるさまざまな事物（p.48）	蔦や蛇が絡まった木（p.212）
		枝や葉にワニやサメが潜んでいる（p.212）
図93a, b. 小動物が幹や枝を昇っている（p.275）		
図93c, d. 尾や手でぶら下がっている動物（p.275）		
図93e. 節穴からのぞいている動物（p.275）		
図93f. 中に動物の住みかが幹についている（p.275）		

付属物つづき

	コッホ	ストラ
鳥と巣箱		
さまざまな事物	73. 付属品（p.246）	3. さまざまな付属物（p.24）

第 7 章 サイン一覧

ボーランダー	カスティーラ	愛原
図 92a. 枝にとまっているトリ（p.274）	樹冠部や木の周囲に見られるさまざまな事物(p.48)	
図 92b. 卵やトリが存在しない巣（p.274）		
図 92c. 卵が巣の中に描かれている（p.274）		
図 92d. トリが巣にいる（p.275）		
図 92e. 2 つの枝の間の空の巣（p.274）		
図 92f. g. 幹についている巣箱（p.275）		
図 92h. 1 本の大きな枝についた巣箱（p.275）		
図 92i. 巣箱が大きな枝からぶら下がっている（p.275）		
図 86d. e. 鉤爪やペンチ（p.268）		
図 87a. 炎（p.268）		
図 87b. 化粧パフ（p.268）		
図 87c. 釘によく似た印（p.268）		
図 87d. はしごの形（p.268）		
図 87e. 巻物か望遠鏡（p.269）		
図 87f. 眼鏡（p.269）		
図 87g. 書物に似た形（p.269）		
図 87h. ほうきの形（p.269）		
図 87i. 熊手（p269）		
図 87j. 棍棒（p.269）		
図 87k. ヘルメット（p.269）		
図 94a. 乾してある衣服（p.276）		
図 94b. ぶら下がっている灯火（p.276）		
図 94c. 木に吊らされた人（p.276）		
図 88a. b. c. 枝からぶらさがっているキャンディ，果物，装飾の玉や星（p.269）		
図 88d. 燃えるろうそくでおもに飾られている（p.269）		
図 88e. ガーランドが木全体を取り巻いている（p.269）		
図 88f. クリスマスツリーの根元の詳細な容器（p.270）		
図 89a. b. c. d. 文字，数字，シンボル（p.270）		
図 90b. 3 本か 4 本のラインによる十字（p.272）		
図 90e. 星（p.273）		
図 90f. 多少ともはっきりした形の星（p.273）		
図 90g. 樹冠内に多くの小さい十字や星が散らばった形で示されている（p.273）		

付属物つづき

	コッホ	ストラ
身体		
性器		
柵・支柱	56. 杭，留め杭，幹の支柱，副え木をされた枝（p.225） 73. 梯子（p.248）	3. さまざまな付属物（p.24）

第 7 章 サイン一覧

ボーランダー	カスティーラ	愛原
図84a. 正面向きの顔（p.262）		
図84b. 横顔（p.262）		
図84c. 目（p.262）		
図84d. 口（p.263）		
図84e. 舌（p.263）		
図84f. 手（p.263）		
図84g. h. i. j. k. ヒゲ（p.263）		
図84l. 臀部（p.264）		
図84m. 垂れた乳房（p.264）		
図84n. 横からみた乳房（p.264）		
図84o. 普通に垂れた乳房（p.264）		
図84p. 動脈と静脈の合流点（p.264）		
図84q. ハートの形（p.264）		
図84r. 男性の精子（p.264）		
図85a. b. 勃起したペニス（p.266）		
図85c. d. e. 勃起していないペニス（p.266）		
図85f. ペニス／はさみ（p.266）		
図85g. j. 女性生殖器［膣の入口］（p.267）		
図85h. 処女性（p.267）		
図85i. 外陰部（p.267）		
図95a. 木の正面の平均的な柵（p.276）		
図95b. 木の根元の周りにある立体的な柵（p.276）		柵で囲う（p.43）
図95c. 柵を幹の上方まで描く（p.276）		
図95d. 支柱（p.276）		つっかい棒がある木（p.218）
図95e. 木の幹によりかかったはしご（p.276）		

風景

	コッホ	ストラ
風景	69. 風景（p.238） 69. 多くの風景（p.239） 69. ほのめかされるだけの風景（p.240）	4. 風景（p.24）
影		147. 地面に映る木の影（p.51）
太陽	69. 風景（p.238)	4. 風景（p.24）
おとり		

第 7 章 サイン一覧

ボーランダー	カスティーラ	愛原
		南の島の木々（p.114）
		画面いっぱいの灰色の曇り空（p.120）
		霧を思わせるような黒い線の背景（p.120）
		雲や雨や雪などで木を覆い隠してしまうような絵（p.80）
	小川の水（p.174）	
図96a. 木の右側の地面の上の影（p.278）		木の影が右側（p.106）
図96c. 木の右側の地面の下の影（p.278）		
図96b. 木の左側の地面の上の影（p.278）		木の影が左側（p.107）
図96d. 木の左側の地面の下の影（p.278）		
図97a. 木の左側の太陽（p.279）		
図97b. 木の真上の太陽（p.279）		
図97c. 木の右側の太陽（p.279）		
図98a. たんに円だけで表す（p.280）		
図98b. 光線をつける（p.280）		
図98c. 人格化された太陽（p.280）		
図98d. 日の出か日の入り（p.280）		
図98e. 太陽の一部が雲におおわれている（p.280）		
図99a. 木の根元近くに描かれる草むら（p.281）		
図99b. 木の根元近くに描かれる花（p.281）		
図99c. 木の根元近くに描かれるかん木（P.281）		

陰影（陰影の描線の用い方）

	コッホ	ストラ
濃い陰影		70. 繰り返し，筆圧強く乱雑に，重ねて，塗られた陰影（p.37）
均等		72. 均等に塗られた陰影（p.38）
直線		75. 直線による陰影（p.39）
		77. 斑点状の陰影（p.39）
曲線		74. 輪のようなグルグル書きの陰影（p.38）
		76. 糸のような描線による陰影（p.39）

第 7 章　サイン一覧

ボーランダー	カスティーラ	愛原
	濃い陰影（p.41, 78, 89, 102, 109, 153, 174），〔地面のライン，根，幹，枝，茂み（p.66），根元（p.131），茂み（p.165）〕	
図64c. 薄い均質の陰影（p.234）		
図64a. 平行の縦のライン（p.234）		
図64e. 多くの縦の平行したライン（p.235）		
図64b. 横に平行なライン（p.234）		
図64j. 不連続の平行のライン（p.235）		
図64f. 左から右に上る斜線（p.235）		
図64g. 右から左に上る斜線（p.235）		
図64m. 暗い横のラインの集まり（p.236）		
図64n. 縦のストロークの集まり（p.236）		
図64i. 明白な空間によって分離された一揃いの平行線からなる盾（p.235）		
図64o. スクリブルの陰影（p.236）		
図64d. 鉛筆を連続的に動かし，どちらかの側にループをつくる水平のライン（p.235）		
図64k. 陰影のある集まりの両端がループとなる時（p.236）		
図64l. 交差してもつれた縦のライン（p.236）		
図64h. 曲線で区画のある陰影のライン（p.235）		

陰影（陰影の位置）

		コッホ	ストラ
陰影の範囲		13. しみのついた表面（p.164）	77. 斑点状の陰影（p.39）
			69. 樹冠，幹，地面，根の部分に，繰り返し，筆圧強く乱雑に，塗られた陰影（p.37）
			73. 縦方向あるいは横方向で，黒と白の対比が見られる（p.38）
根と根もと			
幹		43. 暗く塗られた幹（p.207）	71. 繰り返し，筆圧強く乱暴に，縁取るように，塗られた幹の陰影（p.37）
		13. 左側の陰影（p.164）	
		13. 右側の陰影（p.164）	
樹冠		44. 陰影手法の樹冠（p.210）	
		29. もつれた線の樹冠［型の崩れ］（p.187）	
		45. 暗く塗られた枝（p.211）	

第 7 章　サイン一覧

ボーランダー	カスティーラ	愛原
図65a. 著しく緻密で木全体に描かれた陰影（p.236）		
図65b. かたまっているが比較的広範囲にわたる陰影（p.236）		
図65c. 特定の領域に漠然と分布した陰影（p.237）		
図66a. 陰影が木の片側に一貫して描かれる時（p.238）		
図66b. 木の両側に一貫しない陰影（p.237）		
	濃い陰影（p.41, 78, 89, 102, 109, 153, 174），[地面のライン，根，幹，枝，茂み（p.66），根元（p.131），茂み（p.165）]	
図49a. 陰影（p.216）		
図70a. 根にみられる平行のライン（p.241）		
図70b. 根の輪郭に垂直な陰影（p.241）		
図70c. 根全体にわたる不規則な陰影（p.241）		
	黒く濃い陰影と殴り書きの描線で描かれた捻じれた線（p.131）	
	幹の根もとに見られる黒い横線（p.78）	
	木の根もとの濃い陰影（p.131）	
図79f. 黒くなった樹皮（p.253）	黒い幹（p.109）	幹を黒く塗る（p.44）
図69a.b.c.d.e.f.g.h. 幹の陰影（p.240）		
図18a. 輪郭の閉じた樹冠の内部を薄い陰影で均質に満たす（p.166）		
図18b. 幹と直角に描いたライン（p.167）		
図18c. 斜めのライン（p.167）		樹冠部が斜線の木（p.50）
図18d. 幹に平行なライン（p.167）		
図18e. 同心円の陰影で満たされた丸い樹冠（p.167）		
図18f. 平行のラインによる陰影が，垂直の楕円形の樹冠いっぱいになっている（p.167）		
図18g. 明確な輪郭がなくて，陰影だけで満たされた樹冠（p.166）		
図67a. 樹冠のほとんど半分をおおっている陰影（p.238）		
図67b. 輪郭のあたりだけの陰影（p.240）		
図18h. 輪郭のないスクリブルで描かれた樹冠（p.167）		
図68a. c. 枝の輪郭と平行に描かれたラインの陰影（p.240）		
図68b. 枝の輪郭に対し垂直に描かれるラインの陰影（p.240）		

陰影（陰影の位置つづき）

	コッホ	ストラ
実	46. 暗く［濃く］塗られた実や葉（p.212）	77b. 黒丸（p.39）
地面		
複雑な危機の指標※6		

※6 「複雑な危機の指標」とはボーランダーによるサインで，ある特殊な領域に描かれた陰影である。

第 7 章　サイン一覧

ボーランダー	カスティーラ	愛原
		黒く塗りつぶした地面（p.206）
		地面が黒くて枝が右へ出た木（p.226）
図71a. 縦の陰影のストロークでおおわれた地面のライン（p.242）	線影をほどこした地面のライン（p.131）	
図71b. 地面のラインを水平の陰影で隠す（p.242）		
図91a. 繰返されるスクリブルによる陰影の強調（p.273）		
図91b. 平行のストロークによる陰影の強調（p.273）		
図91c. 2方向のラインによる陰影の強調（p.273）		
図91d. 一部が卵型になった陰影のストローク（p.273）		
図91e. 小さい四角ないし幾何学的な形の集り（p.273）		
		周りを黒く縁取った木（p.228）
		「額縁」のように黒い縁どりのある絵（p.90）

3. 描線

	コッホ[*7]	ストラ[*8]
強い↕弱い		143. 筆圧の強い描線で描かれた幹の輪郭線（p.50）
		133. 幹の内部に筆圧の弱い描線が見られる（p.49）
		134. 筆圧の弱い描線で描かれた樹冠（p.49）
鋭い↕柔らかい		127. 矢のような鋭い描線で描かれた樹冠（p.48）
		128. 矢のような鋭い描線で描かれた幹と地面（p.49）
		129. 右側や上部に向かう矢のような鋭い描線（p.49）
		129b. 左側へ向かう矢のような鋭い描線で描かれた樹冠（p.49）
		130. 下方へ向かう矢のような鋭い描線で描かれた樹冠（p.49）
		131. ぼんやりとした描線で描かれた幹（p.49）
		132. 幹はぼんやりとした描線，樹冠は明瞭な描線（p.49）
直線↕曲線		135. 明瞭な直線で描かれた幹の輪郭線（p.49）
		136. 曲線で素早く描かれた幹の輪郭線（p.49）
		137. 曲線でゆっくりと描かれた幹の輪郭線（p.49）
		138. バーミセリ［細いパスタ］のような描線（p.50）
		42b. 糸のような描線で描かれた開いた樹冠（p.32）
その他		145. 明瞭な描線で描かれた幹の輪郭線（p.51）
		125. 棍棒状の描線で描かれた樹冠（p.48）
		126. 棍棒状の描線で描かれた幹や地面（p.48）
安定↕不安定		140. 安定した直線で描かれた幹（p.50）
		139. 安定しない歪んだ直線で描かれた幹の輪郭線（p.50）
		139b 安定しない歪んだ直線で描かれた樹冠や根（p.50）
		141. 破線で描かれた幹の輪郭線（p.50）
		142. 多種類の描線で描かれた幹の輪郭線（p.50）

[*7] コッホは，描線を［描線］，［運筆］，［描線（手の動き）が下敷きから受け取る感じ］に分けて述べているが，図がないため本表には加えていない。

[*8] ストラの描線のサインは，描線と位置とを組み合わせたサインなので本表に加えている。なお，144は樹冠輪郭線に，146は樹皮に記した。

第 7 章　サイン一覧

ボーランダー	カスティーラ	愛原
図15b. 太くて濃いストロークの組合せ（p.155）	強い筆圧（p.66, 102, 153）	
	強い筆圧あるいは殴り書きの描線（p.66），殴り書きの強い筆圧（p.78），殴り書きや乱雑な線で描かれた茂み（p.78），殴り書きの描線（p.89），殴り書きの，あるいはギザギザした描線（p.109），黒く濃い陰影と殴り書きの描線で描かれた捻じれた線（p.131），殴り書きの茂み（p.153）	
図15a. 薄く正確に描かれて十分に分化したラインの組合せ（p.155）	筆圧の弱い描線（p.89），細く筆圧の弱い不連続な描線（p.165）	
	矢のような鋭い描線（p.78, 102）	
図15c. 力動的で，早く描かれ，不正確で，分化していないラインの組合せ（p.155）		
	木から外に向かう矢のような線（p.109）	
	幹の中心に向かう矢のような線（p.109）	
	鋭い描線（p.78）	
	鋭い鋭角的な描き方（p.109）	
図15g. 直線（p.156）		
図15h. i. 曲線（p.156）		
図15m.「S」型の波［樹冠輪郭線］（p.157）		
図15n.「M」の波［樹冠輪郭線］（p.157）		
図15o. 柔らかい「W」の波［樹冠輪郭線］（p.157）		
図15j. 角ばったライン（p.156）	殴り書きの，あるいはギザギザした描線（p.109），何度も書き加えられたジグザグの描線（p.78）	
図15p. 角ばった波［樹冠輪郭線］（p.157）		
図15l. スクリブルのストローク（p.156）		
図15d. 連続したライン（p.156）		
	不連続な描線（p.66），不連続で何度も書き加えられた描線（p.89），何度も書き加えられた描線（p.153），細く筆圧の弱い不連続な描線（p.165）	
図15e. 細いラインの接近（p.156）		
図15f. 破線（p.156）		
	震える描線（p.165），震える，何度も書き加えられた，殴り書きの描線（p.174）	
図15k. 不規則な波型のライン（p.156）		

177

4. 空間図式

位置

	コッホ[*9]	ストラ
中央		34d. 中央に位置する（p.30）
		29b. 厳密に中央に位置する（p.29）
左		26. 左に位置する（p.28）
		27. やや左に位置する（p.28）
		28. 中央やや左に位置する（p.29）
右		30. 右に位置する（p.29）
		30b. やや右に位置する（p.29）
		29. 中央やや右に位置する（p.29）
上		31. 上方に位置する（p.29）
下		32. 下方に位置する（p.30）
その他		34c. 用紙一杯に描かれている［はみ出しはない］（p.30）
木の部位と位置		33. 木の各部分（樹冠, 幹, 根）が, ある部分は左に, ある部分は右に位置している（p.30）
		34. 木の各部分（樹冠, 幹, 根）が, ある部分は中央やや左に, ある部分は右に位置している（p.30）
		34b. 木の各部分が, 中央やや左と右に, あるいは中央と右に位置している. 1本が中央, あるいはやや左, もう1本は右に位置する（p.30）

[*9] コッホは, 位置について理論的基礎の中で述べているが, 指標としては上げていない。

第7章 サイン一覧

ボーランダー	カスティーラ	愛原
図1. 大体用紙中央に描かれ，用紙の4つの端から等距離に描かれている木（p.85）		
図2a. 用紙の左側によって描かれた木（p.85）	用紙の左側に位置する木（p.41, 66）	木が左画面に寄った場合（p.185）
図2b. 用紙の右側によって描かれた木（p.86）		
図2c. 用紙の上方に描かれた木（p.86）		ひ弱で空中に浮き上った木（p.174）
図2d. 用紙の下方に描かれた木（p.88）		
	大きすぎる木（p.153）	
図3a. 用紙の左上に描かれた木（p.88）		
図3c. 用紙の右上に描かれた木（p.88）		
図3b. 用紙の左下に描かれた木（p.88）		
図3d. 用紙の右下に描かれた木（p.89）		

大きさ

		コッホ	ストラ
木の大きさ			97. 木の高さ1　用紙の1/4以下の高さ（p.43）
			98. 木の高さ2　用紙の2/4以下の高さ（p.43）
			99. 木の高さ3　用紙の3/4以下の高さ（p.43）
			100. 木の高さ4　用紙の3/4以上の高さ（p.43）
樹冠の高さ			101. 樹冠の高さ1（p.44）
			102. 樹冠の高さ2（p.44）
			103. 樹冠の高さ3（p.44）
			104. 樹冠の高さ4（p.44）
			105. 樹冠の高さ5（p.44）
			106. 樹冠の高さ6（p.45）
			107. 樹冠の高さ7（p.45）
幹の幅			
樹冠部と幹とのバランス[*10]	上の長さ［樹冠高］の強調（p.97）		108. 樹冠部よりも大きな幹（p.45）
			109. 樹冠部よりも極端に大きな幹，2, 3倍の大きさの幹（p.45）
			110. 樹冠部と同じ高さの幹（p.45）
			111. 幹よりも長い樹冠部（p.45）
	下の長さ［幹高］の強調（p.97）		112. 幹よりも極端に長い樹冠部（p.45）
樹冠の幅[*10]			113. 樹冠の幅1（p.46）
			114. 樹冠の幅2（p.46）
			115. 樹冠の幅3（p.46）
			116. 樹冠の幅4（p.46）
			119. 尖った，幅が狭く，先端が逆V字形の樹冠で，先端には単線で丸が描かれている（p.47）
2本の木の比較			100b. 高さのコントラスト[*11]（p.43）
			117. 第1の木の樹冠幅は広く，第2の木の樹冠幅は狭い[*11]（p.46）
			118. 第1の木の樹冠幅は狭く，第2の木の樹冠幅は広い[*11]（p.47）

[*10] コッホは，幹高，樹冠幅，樹冠高の割合から，発達段階における標準バウムを提示した。
[*11] ストラの100b, 117, 118のサインは，いずれも4枚連続の描画での，1枚目と2枚目の変化を検討したサインである。

第 7 章 サイン一覧

ボーランダー	カスティーラ	愛原
図4a. 用紙中央に描かれた小さい木（p.90）	小さい木［注釈では非常に小さい木］（p.66）	
図4c. 用紙上方中央の縁に描かれた小さい木（p.92）		小さい木（p.40）
図4d. 用紙右上の隅に描かれた小さい木（p.93）		
図4e. 用紙左下の隅に描かれた小さい木（p.94）		
図4f. 用紙下方中央の縁に描かれた小さい木（p.94）	小さい木（p.41, 153）	
図4g. 用紙右下の隅に描かれた小さい木（p.95）		
図4b. 用紙左上の隅に描かれた小さい木（p.91）		画面の左上に書く小さい木（p.41）
	大きな木（p.48）	
図38b. 過度に狭い幹（p.206）		
	太く大きな幹（p.48）	
図38a. 過度に幅が広い幹（p.206）		
図38c. 長い幹（p.206）		
図8c. 幹の強調（p.109）		樹冠部に比べて幹が異常に長すぎる木（p.130）
図8a. 根と幹と樹冠の普通のつりあい（p.107）		
図8d. 樹冠が支配的な木（p.110）	巨大で鬱蒼とした茂み（p.153），誇張された大きな茂み（p.174）	幹に比べて樹冠部が異常に大きすぎる木［広葉樹］（p.132）
		樹冠部が大きい針葉樹（p.196）
図38d. きわめて短い幹（p.206）		

181

はみ出し

	コッホ	ストラ
上		122. 上方への大きなはみ出し（p.48）
	68. 上縁はみ出し（p.237）	124. 用紙の上縁からのわずかなはみ出し（p.48）
下	XII. 幹下縁立（p.85） 6. 用紙の下端から描かれているまっすぐな根元（p.154）	123. 用紙の下縁からはみ出した幹（p.48）
右		121. 用紙の右側にはみ出している樹冠（p.47）
左		120. 用紙の左側にはみ出している樹冠（p.47）
その他		

第 7 章　サイン一覧

ボーランダー	カスティーラ	愛原
図 5c. 樹冠全体が用紙の上方 3 つの縁からはみでている木（p.97）	大きすぎる木（p.153）	画面からはみ出た木（p.192）
図 5a. 用紙の中央に描かれ，樹冠が用紙上方の縁からはみでている木（p.96）		
図 5b. 用紙下方の縁で木の下部が消失している木（p.96）		下のヘリから伸びている木（p.70）
図 5d. 用紙の右側からはみでている木（p.98）		枝が右ヘリから突き出た場合（p.193）
		右ヘリを支えにした木［木の左半分しか見えない］（p.178）
図 5e. 用紙の左側からはみでている木（p.98）		
		左ヘリを支えにした木［木の右半分しか見えない］（p.180）
		画面に収まり切らない肥大した木（p.234）

傾斜・強調（幹の傾斜）

	コッホ	ストラ
右	55. 右への傾斜（p.223）	90. 左に傾く幹（p.42）
左	55. 左への傾斜（p.223）	91. 右に傾く幹（p.42）
その他		92. 用紙上の位置に関係なく，さまざまな方向に傾く幹（p.42）[*12]

*12　ストラの 92 のサインは，用紙上の位置を木全体で決定できないことを意味する。

傾斜・強調（樹冠の傾斜・強調）

	コッホ	ストラ
上	48. 上に伸びること（p.214）	40. 上方に向かう樹冠（p.32）
下	48. 下へ落ちること（p.214） 48. 幹から袋のように落ちている樹冠（p.216）	39. 下降する樹冠（p.31）
右	53. 右の強調（p.219） 54. 右へ流れるのが優位な場合（p.222）	66. 右に広がる樹冠部（p.37）
左	53. 左の強調（p.219） 54. 左へ流れるのが優位な場合（p.222）	67. 左に広がる樹冠部（p.37）
その他	53. 左右均等（p.219） 48. 風に吹かれているような場合（p.222） 35. もつれた線を伴う水平にはなびく煙のような樹冠（p.200）	65c. 激しく揺れているように見える樹冠（p.36） 68. 樹冠部の広がりがどちらの方向に広がっているかはっきりしない（p.37）

第7章　サイン一覧

ボーランダー	カスティーラ	愛原
図36a. 右にまがった幹や傾斜している幹(p.204)		幹が左へ大きく曲がった木（p.184）
図7e. 全体が左から右に傾斜した木（p.105）		
図36b. 左にまがった幹や傾斜している幹(p.204)		幹が右へ大きく曲がった木（p.186）
図7f.g. 全体が右から左に傾斜した木（p.106）		
		幹が大きく曲がりくねっている木（p.204）

ボーランダー	カスティーラ	愛原
図7c. 左下方から右上方に傾斜した樹冠（p.104）		
	下方に下がる茂み［しだれ柳などの種類］（p.89, 153, 165, 174）	枝が下がって元気のない木（p.128）
	根もとまでが茂みとして表現される（p.51）	
図7d. 右下方から左上方に傾斜した樹冠（p.104）		
図7a. 右に傾斜した樹冠（p.102）		枝葉が幹の右側だけにかたよってしまっている木（p.138）
		右側だけに張り出した枝（p.220）
		画面から突き出るくらい枝が右側だけに集中している（p.62）
図7b. 左に傾斜した樹冠（p.103）	左に傾いた茂み（p.174）	枝葉が幹の左側だけにかたよってしまっている木（p.182）
		左側だけに張り出した枝（p.222）
図17. 風で歪んだ木（p.163）		風が吹いて木がなびいている（p.118）
		日によって，枝の向きが上下に変わる（p.74）

5. 特殊サイン
ウロ

	コッホ	ストラ
幹 *13	57. 折れた幹（p.227） 11. 幹の瘤や凹み（p.161）	80. ウロ（p.40）
枝	57. 切断された枝［／鋸で挽かれた枝］（p.227）	55b. 先端が切られた枝（p.34）
	59. 正面の枝の切断［目］（p.231）	

* 13　幹の輪郭線が両側とも切れているもの，幹が二股に分かれているものもウロと考えるが，それぞれ幹のサインに記した。

第7章 サイン一覧

ボーランダー	カスティーラ	愛原
図83a. 小さく比較的単純な穴（p.260）	幹に描かれたウロ（p.174）	
図83b. 輪郭の強調（p.260）		
図83c. 多くの円が節穴の中に描かれているもの（p.260）		
図83d. 完全に黒く塗られた節穴（p.260）		
図83e. 幹の幅全体にかかる節穴（p.260）		
図83f. 小さい動物がいる大きな節穴（p.260）		
図83g. 菱形（p.261）		
図83h. 六角形（p.261）		
図83i. 幹の陰影と明確に描かれる節穴の中間のもの（p.261）		
		幹がボキッと折れた木（p.224）
		切り株（p.225）
		楽しげだが黒い幹や切り株のある木（p.216）
図82a. 落雷による傷跡（p.258）		
図82d. 幹の片側にある穴（p.259）	幹の表面の左側にあるウロ（p.153）	
図82f.（p.259）		
図82e. 幹の裂け目（p.259）		
図82b. 落雷か強風により折れた枝（p.258）		
図82c. 鋸で切られた枝（p.258）		枝先が切断（p.124）
図24e. 鋸で切られた枝や折れた枝（p.179）		

6. その他

横書き

コッホ	ストラ
	5. 用紙を横長方向に使用する（p.24）

複数の木

	コッホ	ストラ
2本の木		2. 2本の木（p.24）
2本以上の木	XV. 多数の木を描くこと（p.88）	1. 複数の木（p.24）

第7章 サイン一覧

ボーランダー	カスティーラ	愛原
図6b. 横にした用紙の中央に描かれた木（p.101）		
図6a. 横にした用紙の左側に描かれた木（p.100）		
図6c. 横にした用紙の右側に描かれた木（p.101）		

ボーランダー	カスティーラ	愛原
図100. 1本の木の取り消し（p.287）		
図101. 重ねづけが同じ2本の木（p.287）		針葉樹と広葉樹が並んだ木（p.54）
図102. 遠近感のある2本以上の木（p.287）		
図103. 並木道（p.288）		並木道を書く（p.108）
図104. 樹冠が重複した数本の木（p.289）		
図105a. 散らばった森（p.289）		
図105b. 密集した森（p.289）		
		針葉樹をたくさん書く（p.144）
		広葉樹をいくつも書く（p.146）

3枚法のフローチャート

Ⅰ　3枚の木の絵を描くことができたか
・3枚連続での描画ができなかった意味を解釈する。
Ⅱ　印象把握
・3枚の木を並べ印象を把握する。
Ⅲ　パターン分類
・3枚の木の形態や大きさに注目して，3枚の木の変化のパターンから解釈する（本書pp.103-108）。
第1パターン（AAA），第2パターン（AAB），第3パターン（ABA），第4パターン（ABB），第5パターン（ABC）の，どのパターンであるか分類して解釈する。
Ⅳ　夢の木
・3枚目の夢の木を解釈する（本書pp.109-111）。 〈夢の木〉：願望，欲求，現実の不満足な状況，困難をより具体的に表現，現時点での解決策や対応している姿。

※3枚法で得られた描画の1枚ずつの木の読み方の手順は，「バウムテストの読み方の手順」と同様である。

2枚法のフローチャート

Ⅰ　2枚の木の絵を描くことができたか
・2枚連続での描画ができなかった意味を解釈する。
Ⅱ　印象把握
・2枚の木を並べ印象を把握する。
Ⅲ　1枚目，2枚目の解釈仮説
・2枚の木の解釈仮説からそれぞれの意味を解釈する（本書pp.116-121）。
〈1枚目の木〉：外向きに見せている自分の顔，新奇場面や慣れない環境，自己制御を要する場面での反応，社会的職業的態度 〈2枚目の木〉：内的な自分の姿，慣れ親しんだ状況での反応，内的自己像

※2枚法で得られた描画の1枚ずつの木の読み方の手順は，「バウムテストの読み方の手順」と同様である。

参考文献

阿部恵一郎（2000）バウム・テスト．現代のエスプリ，390, 144-155.

愛原由子（1987）子どもの潜在脳力を知るバウム・テストの秘密：14年・20万例による不思議な実証．青春出版社．

Ave-Lallemant, U. (1994) *Baum-Test*. Ernst Reinhardt Verlag, Munchen.（渡辺直樹・野口克己・坂本堯訳（2002）バウムテスト―自己を語る木：その解釈と診断．川島書店．）

Bastin, C., de Castilla, D. (1990) *Graphologie, le psychisme et ses troubles*. Robert Laffont.

Bolander, K. (1977) *Assessing Personality Through Tree Drawings*. Basic Books.（高橋依子訳（1999）樹木画によるパーソナリティの理解．ナカニシヤ出版．）

Bour, P. (1961) Utilisation nouvelle du test de l'arbre dans un service d'adultes. *Annales Médico-psychologiques*, 23, 529-534.

Buck, J. (1966) *H-T-P: House-Tree-Person projective technique*. Rev. manual. Western Psychological Services, Los Angels.

Chirol, C. (1965) Etude de l'arbre de rêve sur une population d'adlescents délinquants. Vème *Congrès international du Rorschach et des Méthodes Projectives*. Tome Ⅲ, 453-456.

Corboz, R., Gygax, S., Helfenstein, S. (1962) Le dessin des trois arbres. *A crianca portuguesa*, ano XXI, 349-364.

Cotte, S., Roux, G. (1961) Considérations sur le test de l'arbre. *Etudes de Neuro-psychopathologie infantile*. 9, 77-106.

Crépieux-Jamin, J. (1983) *ABC de la Graphologie, 8e ed*. P.U.F., Paris.

Davido, R. (1976) *Le langage du dessin d'enfant*. Presses de la Renaissance, Paris.（若森栄樹・荻本芳信訳（1984）子どもは絵で語る．紀伊国屋書店．）

de Castilla, D. (1994) *Le test de l'arbre: Relation humaines et problems actuels*. Masson, Paris.（阿部恵一郎訳（2002）バウムテスト活用マニュアル―精神症状と問題行動の評価．金剛出版．）

Dominique VIELJEUX (1982) *L'arbre de rêve, L'imaginaire dans le test de l'arbre*. M. A. Éditoins.

Fernandez, L. (2005) *Le test de l'arble. Un dessin pour comprendre et interpréter*. Collection PsychPocket, Editions in Press.（阿部恵一郎訳（2006）樹木画テストの読み方―性格理解と解釈．金剛出版．）

藤岡喜愛・吉川公雄（1971）人類学的に見たバウムによるイメージの表現．季刊人類学，Vol.2 No.3, 3-28.

福永武彦編（1963・1964）ボードレール全集第1巻～第4巻．人文書院．

Gardner, H. (1979) *Artful Scribbles: The significance of children's drawings*. Basic Books.（星三和子訳（1996）子どもの描画―なぐり書きから芸術まで．誠信書房．）

林　勝造（1985）身体イメージと描画．（一谷　彊・林　勝造・国吉政一編）バウムテストの基礎的研究．風間書房．pp.69-79.

Hegar, W.（1962）*Graphologie par le trait: Ineroduction à l'analyse des éléments de l'écriture*. Vigot, Paris.

廣澤愛子・大山　卓（2007）高機能広汎性発達障害児の描画特徴に関する一研究―バウムテストを用いて．愛知教育大学教育実践総合センター紀要，10, 25-34.

一谷　彊・津田浩一・山下真理子・村澤孝子（1985）バウムテストの基礎的研究〔Ⅰ〕―いわゆる「2枚実施法」の検討．京都教育大學紀要，A，人文・社会，67, 17-30.

Jean-Pierre Klein（2002）*L'art-thérapie*. P.U.F., Paris.（阿部惠一郎・高江洲義英訳（2004）芸術療法入門〈文庫クセジュ〉．白水社．）

J. K. Huysmans著，野村喜和夫訳（2003）神の植物・神の動物― J. K. ユイスマンス『大伽藍』より．八坂書房．

Jung, C. G.（1954）*Der philosophische Baum, Van den Wurzeln des Bewusstseins*. Studien über Archetypus（Psychologische Abhandlung Ⅸ）. Rasche, Zürich.（老松克博監訳，工藤昌孝訳（2009）哲学の木．創元社．）

木村香代子（2010）幼児の樹木画テストにおける発達的な検討．創価大学大学院紀要，32, 309-332.

Koch, K.（1952）*The Tree test: The tree-Drawing Test as an aid in psychodiagnosis*. Hans Huber.（林勝造・国吉政一・一谷　彊訳（1970）バウム・テスト―樹木画による人格診断法．日本文化科学社．）〔日本語訳は1952年に出版された英語版からの翻訳〕

Koch, K.（1957）*Der Baumtest: Der Baumzeichenversuch als psychodiagnostisches Hilfsmittel, 3rd enl. ed*. Hank Huber, Bern u. Stuttgart.（山中康裕監訳，岸本寛史・中島ナオミ・宮崎忠男訳（2010）バウムテスト［第3版］．誠信書房．）

Koch, K.（2003）Der Baumtest: *Der Baumzeichenversuch als psychodiagnostisches Hilfsmittel, 11. Aufl.* Hans Huber, Bern u. Stuttgart.

Luquet, G. H.（1927）*Le dessin enfantin*. Alcan, Paris.（須賀哲夫訳（1979）子どもの絵―児童画研究の源流．金子書房．）

Lurker, M.（1960）*Der Baum in Glauben und Kunst: unter besonderer Berückischtigung der Werke des Hieronymus Bosch*. Verlag Valentin Koerner（Baden-Baden）．（林　捷訳（1994）シンボルとしての樹木―ボッスを例として．法政大学出版局．）

松岡　舞（2008）樹木画テストにおける「擬人的な木」に関する研究．創価大学大学院紀要，30, 359-384.

三船直子・倉戸ヨシヤ（1992）バウムテスト2回施行法試論Ⅰ―基礎的調査資料．大阪市立大学生活科学部紀要，40, 313-327.

中西　進（2013）日本神話の世界〈ちくま学芸文庫〉．筑摩書房．

中鹿　彰（2004）バウムテストから見た広汎性発達障害の認知特徴．心理臨床学研究，21(6), 611-620.

Peugeot, J., Lombard, A., de Noblens, M.（1986）*Manuel de Graphologie*. Masson, Paris.

Pulver, M.（1931）*Symbolik des Hanschkift*. Orell verlag, Zurich.（*Le symbolisme de l'ecriture*.（1971）traduit de l'allemand par Margueritte Schmid et Maurice Delamain, Stok, Paris.）

佐々木貴弘（2007）樹木画テスト3枚法におけるウロに関する研究．創価大学大学院紀要，29, 207-238.

佐藤秀行・鈴木真吾（2009）樹木画2枚施行法における樹木の大きさと友人関係との関連．心理臨床学研究，27(5)，581-590．

Stora R.（1964）La personnalité à travers le test de l'arbre. *Bulletin de psychlogie*, 17（1/224; 2/224），1-181.

Stora, R.（1975）*Le test du dessin d'arbre*. jean-pierre delarge, Paris.（阿部惠一郎訳（2011）バウムテスト研究―いかにして統計的解釈にいたるか．みすず書房．）

Stora, R.（1978）*Le test de l'arbre*. P.U.F., Paris.

高田晃治・森田裕司（1996）バウムテスト2枚法を用いた自我境界の測定．中国四国心理学会論文集，29，90．

Tannhof, M.（2008）*Arbre! Dis-moi qui je suis*. SEFI.

津田浩一（1992）日本のバウムテスト―幼児・児童期を中心に．日本文化科学社．

魚住和晃（2012）講座筆跡鑑定入門．墨220号．芸術新聞社．

Vavassori, D.（2002）*Etude psychopathologique des comportements de consommation（usage, abus, dépendance）de substances psychoactives: construction d'un modèle multidimensionnel de la dépendace psychopathologique*. Thèse de Doctorat. Université Toulouse le Mirail, UFR de Psychologie.

Wallon, F.（1998）*Le dessin de l'enfant*. P.U.F., Paris.（加藤義信・井川真由美訳（2002）子どもの絵の心理学入門〈文庫クセジュ〉．白水社．）

渡辺亘・松尾優・中村博文・国川直美・右田裕美・森田裕司（1995）バウム・テスト2枚法によるAggression方向のアセスメントに関する研究（Ⅱ）―構成要素に関する描画分析．中国四国心理学会論文集，28，92．

山下正男（1977）植物と哲学〈中公新書〉．中央公論社．

山崎信弘（2007）樹木画テストにおける心理学的サインの妥当性に関する研究．創価大学大学院紀要，29，227-291．

あとがき

1. 本書について

　本書はバウムテストが読めるようになるための本である。これまでのバウムテストの解釈仮説を整理し，解釈仮説に基づいた読み方の手順を示している。と同時に，3枚法の方法論とその威力も明らかにできたのではないかと思う。読者が理解しやすいように数多くの描画を掲載したが，実際の描画を模写したものであり，被検者の紹介は限定的で場合によっては，趣旨を変えないように配慮しながら，情報を加工してある。

　バウムテストについては，現在のところ1枚法から4枚法までであり，2枚以上を実施する場合，連続描画法と言われている。1枚ずつの描画を読む方法は同じであるが，連続して描いてもらうと被検者には負担となるかもしれない。けれども，それだけより多くの情報を手に入れられる。読み方についてはこれまで検査者によって教示が異なること，さらにはテストとして用いるのか，あるいは描画療法的に用いるのかによって読み方の姿勢に大きな違いがあったように思う。本書ではテストとしての読み方を念頭に置いている。

2. バウムテストの読み方について

　カスティーラ（『バウムテスト活用マニュアル』金剛出版，2002年）を翻訳した後も，そしてストラ（『バウムテスト研究』みすず書房，2011年）の翻訳後にも，周囲からは「サインの意味はよく分かるようになったが，でもバウムテストの所見をうまく書くことができない。どこから読み始めればいいのか，それに3枚法の読み方はどのようにすればいいのか」といった声が多かった。確かにストラのサイン解釈は素晴らしい。しかし，サインをどのように抽出すればいいのだろうと。

　2002年にカスティーラの翻訳を出版してから，この10年間バウムテストの研究会を主宰し多くの描画に触れ，研究会に参加してくれた人々と一緒に考えてきた。そこでまず気がついたのは，筆跡学の知識が乏しいことであった。幸いカスティーラが筆跡学の本を書

いていたので，これを読むことにした．それにコッホが引用したマックス・パルヴァーの『筆跡の象徴学』のフランス語訳，クレピュー＝ジャマンの『筆跡学入門』，プジョー他の『筆跡学マニュアル』を入手し読み進めることで，筆跡学がバウムテストにどのように援用されたのかが朧気ながら理解できた．まず「描線から読むこと」を始めたが，すぐに躓いてしまった．理由は，筆跡学の描線は基本的にインクによるもので，鉛筆の描線による表現とは違うのである．例えば，コッホの言う「棍棒状の線」はインクで書けば，線を引きそれを止めればいいだけなのに，鉛筆では線を止める時に筆圧を強く書かなければならない．弱い線や細い線はインクでは難しい．描線そのものよりも運筆に注意する方が，多くの情報を手に入れられることが分かったのだった．

　位置や大きさについては，ストラを翻訳して透視図を用いる厳密な方法が，曖昧な言い方を払拭できたように思う．木の象徴性からの読み方では，子どもの描画に接することが多かったので，「木に見えない木」をどのように解釈するかということが問題になった．つまり形態の問題である．これについてはコッホが僅かに書いているだけで，他の研究者たちは触れていない．まるでどんな描画でも木に見えるように扱うか，あるいは木に見えるものしか扱っていないようである．子どもっぽい木についても，形態の問題はあったが，大学院生と共に幼稚園に赴き，3枚法で実施した貴重な資料を手に入れることができた．

　次第に読み方の方法が固まっていった．まずは形態，次いで位置，大きさ，さらに描線，そして最後に木の象徴性という手順がいい．そうこうしている間に，児童精神医学の領域では，被虐待児童，性加害と被害が注目され，対象児童のバウムテストからの理解が要請されるようになっていった．擬人型のバウムテスト，性的問題を抱えた人はバウムテストでどのように表現するか，が話題となったのである．

　そして本文でも述べたように，タンノフの言うlangage（記号言語）から，四重の記号言語，つまり形態（木に見えるか見えないか），象徴（木，身体，風景，付属物，陰影など），描線（筆跡学的知見），空間図式（用紙上の位置，木の大きさ，はみ出し），それに特殊サインを加えた作業仮説から読み解くのがいい，というところにたどり着いた．この10年，研究会ではストラのサインを中心にして読んできたが，それにコッホ，ボーランダー，カスティーラ，愛原の著書も参考にしたのだった．これらの著書を参考にしても，まだ分からないことはたくさんある．ただあまりサインの有無にこだわりすぎないほうがいいように思う．

3．夢の木について

　カスティーラを翻訳してから，私自身も3枚の連続描画を行うようになった。研究会でも3枚法が主流になっており，読み方の仮説はカスティーラに従った。つまり，第1の木は社会に見せている自己，第2の木は内的自己像，夢の木は欲望や願望である。ところが児童福祉施設で嘱託医として働いているので，被虐待児にバウムテストを実施すると子どもたちは夢の木に傷ついた姿を他の2枚よりも多く表現することに気がついた。どうやら欲望や願望というよりも，現実の困難さに耐えている姿，別な見方をすれば，現実の困難に対する自分なりの解決策や叫びを表現していると思われたのである。3枚の描画を並べ，まず夢の木から検討するのが良いように思われた。3枚の絵を並べ，分類パターンを検討する際も，決め手になるのは夢の木なのである。

　ストラを翻訳していくと，4枚法のうちの第3の木が夢の木であり，「現実の不満足な状況」が表現されていると，彼女自身が指摘していることも分かった。そして，夢の木で第1，第2の木と違って形態が崩れてしまう場合が見られることについて，あれこれ考えている時に，素晴らしい本に出会ったのである。マンフレート・ルルカー『シンボルとしての樹木』の翻訳をした林捷の訳者あとがき，「夢みられる樹」である。「樹木に救済や再生のイメージ，あるいは世界の中心のイメージがこめられる時，そのイメージの持つダイナミズムが，スタティックな樹木形態を突き崩していくからであろう」の一文に，はっとさせられた。また，ユングの『哲学の木』を翻訳した工藤昌孝は，あとがきに「想像の木」という教示で樹木描画を用いた自験例を紹介しているが，「想像の木」と教示することで，樹木形態が大きく変化している。ヴィエィユジューの『夢の木，バウムテストにおける想像力の問題』については本文に書いたので繰り返さない。いずれにしても，「夢の木」は現実の困難さ，それに対する無意識的な対処の仕方，つまりは救済や願望が表現され，同時に人間の想像力の問題にまで広がるように思う。

　以前にある研修会で，「『夢の木』つまり，自分の思うように好きに描いてかまわないので，被検者に負荷をかけないで描いてもらうため」と説明したことがあった。まったく反対だったのである。謹んで訂正させていただく。

4. 象徴から記号へ

　本書の副題を「象徴から記号へ」とした。象徴とは何だろう。前述した『哲学の木』の中で，象徴の訳注に「未知の部分を含む多義的な心的内容を，その時点で最もよく示している表現形態。それに対して，既知の一義的な内容を別の内容で表したものは記号と呼ばれ，区別される」と書かれてある。symbol は象徴とも記号とも翻訳される。どうやら多義的であれば象徴，一義的であれば記号と呼ぶようである。何が何の象徴なのかは人によって異なる。木の描画を「心的自己像」の象徴だと考えない人もいるだろう。そう思う人は心理学者であってもバウムテストを用いようとは思わない。木が多義的だからといって勝手な解釈は許されるものではない。コッホの「表」は多義的で，相反する意味も並べられている。木の描画が心的自己像を表現することを示したのは素晴らしい。しかし，コッホのバウムテストの読み方とて，象徴的解釈とは言い難い。象徴的解釈では被検者（描き手）と検査者の間に共通の基盤がなければならない。詩人と読者のように。

　　「自然」は一つの宮殿，そこに生ある柱，
　　時おり，捉えにくい言葉をかたり，
　　行く人は踏みわける象徴の森，
　　森の親しげな眼指（まなざし）に送られながら，

　これはボードレールの詩集，『悪の華』に納められた有名な「万物照応」の第一節で，自然と人間との関係，その媒介者としての象徴を謳っている。「ボードレールの内部にある混沌とした自我を分析するものは心理学であって，詩ではない。ボードレールの詩的方法は，内面を心理学的に描写することではなく，内部世界の理智や感情を外界に投射し，その上で，彼自身の主体の投射された外界の反映を「不吉な鏡」に映して，自己の内部に再び取り入れることである」と指摘したのは福永武彦である。自我が物によって，あるいは物が自我によって，相互的に補われ，類推によって自己を表現してきた。つまり，類推によって象徴は解釈される。象徴的に解釈するのは，詩を読むのに似ている。

　ストラは象徴も描画サインの集まりから支持された場合に用いるべきで，心理学的解釈に安易に象徴を用いることを戒めている。私はバウムテストを心理学の検査だと思ってい

る。被検者の描く物（描画）がどのような類推によるかは分からないことが多い。これまでの多くの研究からさまざまな描画サインとその意味が明らかにされている。それは記号と呼ぶには一義的なものになっていないかもしれないが，そうした態度で読まなければ，心理検査と言うことはできない。

5．私にとってのバウムテストの現在

　ある日，ストラのお弟子さんから日仏でバウムテストの共同研究をしないかとお誘いがあった。2013年6月，ベッソンさんとデュボワさんに会うためパリに向かった。彼女たちから「あなたはどのようにバウムを読むのか」という質問に対して，ちょうど本書を書き上げたばかりだったので，3枚法の読み方について話したのだった。すると彼女たちは「なぜ，4枚法でやらないのか」と厳しい表情で言いながら，4枚目（目を閉じて描く）を実施しないことに憤懣やるかたない様子。日本では長くコッホ流だったこと，3枚法についても私がカスティーラを翻訳してから少しずつ広まったこと，カスティーラを翻訳している時にはストラについてまったく知らなかったことなどを説明した。反対に彼女たちにボーランダーを知っているかと尋ねると，「誰，それは」という始末。挙げ句の果てに激しいカスティーラ批判。「4枚法というけれど，ストラは3枚目，4枚目の読み方について何も書き残していない」と言うと，A4版の大きさの分厚いテキストが目の前に置かれ，これを翻訳しろと言う。読んでみてからでなければ決められないと言う私。しばしにらみ合いが続く。このテキストはデュボワさんが書いたものだが，彼女の許可がなければ購入できない代物。購入して日本に持ち帰ったら，今度は「許可無く翻訳するな」という手紙が届く。

　以前に韓国の小学生にバウムテストを描いてもらい，日本の小学生と比較したことがあった。かなり違う。そして友人が中国で日本語を教えながら，教え子たちに木の絵を描いてもらい私のために持ち帰ってくれた。高校生の年齢にしては下手だった。やっぱり中国は書の国で，絵の国ではないらしいという印象をもった。国際比較をしてみると面白いだろうと思う。

　日本最北のメンタルクリニック（北海道名寄市）を開院して7年になる。今は初診の患者さんにまず絵を描いてもらう。拒否する人はいない。最近は4枚法。目を閉じてもそれ

なりの木の絵になっている。どう読めばよいか分からない。しばらくは絵を集め，本書に書いたように3枚法の読み方で臨床に使うしかないと思っているが，3枚法も威力はある。初診で初めて会う患者さんのパーソナリティが主訴を聞く前から何となく理解できるのだから。

大学でも臨床心理専攻の大学院生にバウムテストを教えている。講義に入る前に，彼らに描画をしてもらう。ある同僚が大学院生たちにこう忠告した。「バウムテストは精神のストリップ。こころのパンツをはいて描こう」と。

謝　辞

本書が完成できたのは多くの人々のおかげである。まず東京バウムテスト研究会に長年参加された方々にお礼を述べたい。本書中，2枚法の読み方について書いてくれた佐藤秀行さんも，そしてサイン一覧を作成してくれた大野陽子さんも研究会のメンバーである。都立梅ヶ丘病院から子ども医療センターになってもバウムテスト研究会は続き，そこに集まった心理士たちとバウムテストを読むのも，私には大いに励みとなった。また，多くの研修会で講師として招かれたこともよい刺激であった。

そのほかにも多くの人々の名前を挙げるときりがない。最後に金剛出版の中村奈々さんに感謝しなければならない。ストラの翻訳が終わるや否や，「読み方」の著作に向かわされてしまった。彼女の飴と鞭がなかったら，まだグズグズとしていたと思う。

2013年7月19日
筑波山と富士山の見える書斎にて　阿部惠一郎

著者略歴

阿部　惠一郎

早稲田大学文学部フランス文学科卒業。
慶應義塾大学大学院フランス文学専修中退。
東京医科歯科大学医学部卒業。
茨城県立友部病院，国立武蔵野学院，八王子刑務所，千葉刑務所を経て，現在，創価大学教育学部教授・あべクリニック院長。
2000年，人事院在外派遣研究員（フランスにおける薬物依存症者の治療処遇に関する研究）。著書『精神医療過疎の町から―最北のクリニックでみた人・町・医療』（みすず書房，2012）。訳書にJ-P・クライン『芸術療法入門』（共訳　白水社，2004），J・オックマン『精神医学の歴史』（白水社，2007），D・ドゥ・カスティーラ『バウムテスト活用マニュアル』（金剛出版，2002），R・フェルナンデス『樹木画テストの読みかた』（金剛出版，2006），R・ストラ『バウムテスト研究』（みすず書房，2011）ほか。

[分担執筆者]

佐藤　秀行

筑波大学大学院人間総合科学研究科単位取得満期退学。
立正大学心理学部助教を経て，現在，立正大学心理学部専任講師。

大野　陽子

文教大学大学院人間科学研究科臨床心理学専攻修士課程修了。
現在，社会福祉法人城山学園心理療法士，千葉県スクールカウンセラー。

バウムテストの読み方
――象徴から記号へ――

2013年 8 月20日　発行
2023年12月 5 日　四刷

著　者　阿部　惠一郎
発行者　立石　正信

装丁　臼井新太郎
印刷・製本　シナノ印刷

発行所　株式会社 金剛出版
〒112-0005 東京都文京区水道1-5-16
電話 03-3815-6661　振替 00120-6-34848

ISBN 978-4-7724-1321-3 C3011　　Printed in Japan©2013

好評既刊

Ψ金剛出版 〒112-0005 東京都文京区水道1-5-16 Tel. 03-3815-6661 Fax. 03-3818-6848
e-mail eigyo@kongoshuppan.co.jp URL https://www.kongoshuppan.co.jp/

新装版 バウムテスト活用マニュアル
精神症状と問題行動の評価
［著］ドゥニーズ・ドゥ・カスティーラ
［訳］阿部惠一郎

バウムテストは日々進化している。テストをとるのは簡単だが，バウムに現れたサインの意味をどう解釈をしていけばいいのか。誰しもがぶち当たる壁である。バウムテストを行ったからといって，すぐにクライエントのすべてを理解することはできないが，主観で判断するよりも，まずは本書で数多くのバウムに当たり，絵からどのようなサインをとることができるのかを読み解いていこう。バウムテストへの理解が深まることで，臨床の役に立つ機会がさらに増えるはずである。　　　　　　　　　　　　　　　定価3,960円

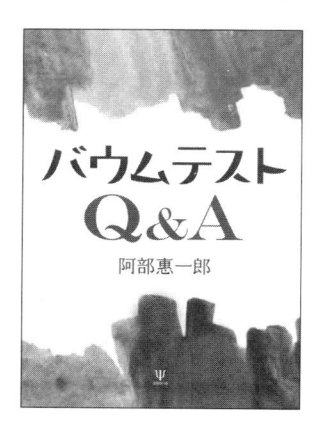

バウムテストQ&A
［著］阿部惠一郎

一見簡単そうに見えて，使ってみると実は結構難しいバウムテスト。木の画を描いてもらうだけなのに，被検者に聞かれたら困ってしまうような質問をQ&Aで解決していく。後半には事例を用いて，1からバウムテストの読み方を解説する。
―――「なぜ木？　なぜ3枚法？」「実施法について」（利き手／年齢／用具／彩色／インストラクション／実施時期／やってはいけないこと／描画後の質問）「時間，中断，トラブルへの対処」（時間／中断／トラブルへの対処／検査態度・観察ポイント／サインの解釈・精神疾患との関連／フィードバック・所見／学習方法／文化による違い）　　　　　　　定価2,640円

バウムテスト
［著］ルネ・ストラ
［訳］阿部惠一郎

バウムテストを使うには，その本質を理解し，正確な解釈法を学び，実践の場で迅速に，かつ的確な判断をつけなければならない。本書では，第1・2章で文献展望を行い，第3章ではテスト実施方法と解釈について，描画の観察やさまざまなサインの組み合わせから検討することを述べている（サインにはそれぞれの心理学的意味があるが他のサインとも照合してみる必要がある）。第4章では，バウムテストとそれ以外に実施した描画全般から，心理学的な意味について論じ，第5章では木の象徴性について，第6章では実際に行った症例について報告している。　　　　　　　　　　　定価3,520円

価格は10%税込です。

好評既刊

ψ 金剛出版　〒112-0005　東京都文京区水道1-5-16　Tel. 03-3815-6661　Fax. 03-3818-6848
e-mail eigyo@kongoshuppan.co.jp　　URL https://www.kongoshuppan.co.jp/

樹木画テストの読みかた
性格理解と解釈
[著]リュディア・フェルナンデス　[訳]阿部惠一郎

著者は樹木画から「心理学的サイン」を見つけ出し，それぞれのサインから被験者の性格特徴を感情・情緒領域，社会的領域，知的領域の3つの領域に分けて分析する「読みかた」をコンパクトに示している。実際の樹木画を呈示し，著者独特の描画後質問表を用いた症例の数々を通して，「読みかた」が鮮やかに理解され，実際に所見を書く際に役立つだろう。また，巻末に付した訳者による解題では樹木画テストの研究史を俯瞰し，樹木画テストがどのように読まれてきたか，そして今日どのように読まれるべきかを考察した。　　　　　　　　　　　　　　　　　　　　　　　定価2,750円

描画テスト・描画療法入門 POD版
臨床体験から語る入門とその一歩あと
[著]藤掛明

著者は描画との出会いからその治療的応用にいたるまで，多くの出会いによって会得してきたことを，多くの具体的な事例やエピソードを通して語る。臨床家としての体験が紡ぎあわされた本書を読み進むうちに，描画テスト・描画療法の基礎的骨格が自然と浮かび上がってくる。また，入門の一歩あとに求められる豊かな肉付けも，著者の経験と実感に基づいて語られ，きわめて納得しやすい。さまざまな領域で描画を用いたアセスメントや治療的接近がさかんになっているが，本書はそのような臨床現場で必ずや身近におかれるべき一書である。　　　　　　　　　　　　　　　　　　　定価3,520円

クリシ・ワルテッグ・システム（CWS）
実施・スコアリング・解釈のためのマニュアル
[著]アレッサンドロ・クリシ　ジェイコブ・A・パーム
[訳]村上貢

エーリッヒ・ワルテッグによって作成された「ワルテッグ・テスト（Wartegg Test）」は，ゲシュタルト心理学と精神力動理論を基礎とした，予め措定された刺激図形に被検者が加筆する侵襲性の低いパーソナリティ検査として広く使用されている。アレッサンドロ・クリシによる「クリシ・ワルテッグ・システム（CWS）」は，初期スコアリングシステムの統計的不備の改善，検査対象の拡大，実施・スコアリング・解釈の体系化によって，ワルテッグ・テストをよりユーザーフレンドリーな形式へ体系化している。　　　定価11,000円

価格は10%税込です。

好評既刊

Ψ 金剛出版　〒112-0005　東京都文京区水道1-5-16　Tel. 03-3815-6661　Fax. 03-3818-6848
e-mail eigyo@kongoshuppan.co.jp　URL https://www.kongoshuppan.co.jp/

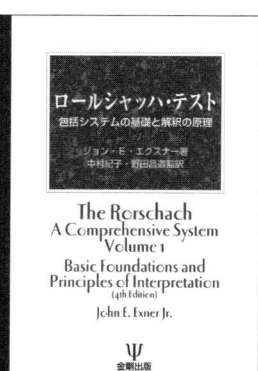

ロールシャッハ・テスト
包括システムの基礎と解釈の原理
［著］ジョン・E・エクスナー　［監訳］中村紀子　野田昌道

『現代ロールシャッハ・テスト体系』（第2版）が訳出されてから18年を経て，最新の第4版が訳出された。第4版が出版されるまでの間に，包括システムには大きな変化が見られた。本書はそうした変化を反映して，包括システムの最新の姿を伝える。本書には，『ロールシャッハ・テストワークブック』，『ロールシャッハの解釈』の中で紹介されてきたテストの施行法や解釈の原理に加え，テストの成り立ち，性質，基礎的研究がすべて網羅されている。本書一冊で，形態水準表を含めたすべてが入手可能となり，包括システムの基礎と原理が習得できる。　　　　　　　　　　　　定価19,800円

ロールシャッハ・テスト講義I
基礎篇
［著］中村紀子

「包括システムによるロールシャッハ・テスト」を正しく普及させるため，長年にわたって開かれてきた著者による基礎講座が，ついに書籍化。続篇「解釈篇」へと続く本書「基礎篇」は，ロールシャッハ・テスト誕生秘話，コーディングのちょっとした一工夫，施行のときのチェックポイントなど，ベテランだけが知るテクニックを惜しみなく語った「ゼロからの初心者対象・やさしいロールシャッハ入門」。講座の息づかいをそのままに，オリジナルの資料も多数掲載され，エクスナーによる正典『ロールシャッハ・テスト』（金剛出版刊）の理解を助けるサブテキスト決定版！　　　定価4,620円

ロールシャッハ・テスト講義II
解釈篇
［著］中村紀子

『ロールシャッハ・テスト講義I――基礎篇』に続く第2弾「解釈篇」。ジョン・エクスナーによる2つのケースをサンプルに，テストデータのコーディング結果を8つのクラスターで解釈するためのヒントをわかりやすく詳解。講義形式のやさしい語り口で，「統制とストレス耐性」「状況関連ストレス」「感情」「情報処理過程」「認知的媒介」「思考」「自己知覚」「対人知覚と対人行動」という8つのクラスターで細やかにデータを精査して，受検者の基盤となるパーソナリティや現在の心理状態を鮮やかに浮かび上がらせ，その回復に役立つ戦略プランの策定方法までを学んでいく。　　　　定価4,620円

価格は10%税込です。

好評既刊

Ψ金剛出版　〒112-0005　東京都文京区水道1-5-16　Tel. 03-3815-6661　Fax. 03-3818-6848
e-mail eigyo@kongoshuppan.co.jp　URL https://www.kongoshuppan.co.jp/

ロールシャッハの解釈

[著]ジョン・E・エクスナー
[監訳]中村紀子　野田昌道

ロールシャッハを解釈する際には，データをクラスターとして扱うが，クラスターはそれぞれが心理学的な特徴と関連している。本書では，各クラスターを一つずつ取り上げ，それらすべての所見を系統立ててまとめる方法を詳述した。初学者は本書によってロールシャッハ解釈をより容易に学ぶことができ，また中級以上の経験者にとってもある特定の原則やルールを参照するために十分役立つであろう。最近加えられた新しい変数を収載するなど最新の知見を提供する，ロールシャッハ・テスト実施に際しての必携の書。

定価9,460円

ロールシャッハ・テスト Sweet Code Ver.2
コーディング・システム

[監修]中村紀子　[製作]大関信隆

包括システムによるロールシャッハ・テストのためのコーディングソフト，さらに新機能を搭載してリニューアル刊行！　コーディング，構造一覧表の計算，プロトコル作成，ロケーションチャートの印刷，コード検索など基本機能に加えて，構造一覧表の統計情報のワンクリック表示機能，各変数の一括出力機能など，練習・実務・研究に役立つ新機能を実装する。

定価4,620円

ロールシャッハ・テスト ワークブック 第5版

[著]ジョン・E・エクスナー　[監訳]中村紀子　西尾博行　津川律子

包括システムによるロールシャッハ法は，現在国際的標準として浸透しわが国において臨床現場でも広く用いられているが，これを使いこなすためには十分なトレーニングと正しい知識が必要とされる。第3版以降に包括システムで変更・追加された変数や特殊指標をもれなく収録した最新版（第5版）が翻訳刊行された。本ワークブックは，最新のシステムに対応し，前書同様コード化とスコアリングのためのポイントが懇切丁寧に解説され，さらにトレーニングのために多くの練習問題を掲載した内容になっている。包括システムを理解し実施する上での必携書と言えよう。

定価5,720円

価格は10%税込です。

好評既刊

Ψ 金剛出版　〒112-0005 東京都文京区水道1-5-16　Tel. 03-3815-6661　Fax. 03-3818-6848
e-mail eigyo@kongoshuppan.co.jp　URL https://www.kongoshuppan.co.jp/

協働的／治療的アセスメント・ケースブック

［編著］スティーブン・フィン　コンスタンス・フィッシャー　レオナード・ハンドラー
［監訳］野田昌道　中村紀子

協働的／治療的アセスメントとは，クライアントが生きている場で，クライアントごとに個別化された，クライアントが共同発見者となる「双方向的アセスメント」である。成人の個人アセスメントから，子ども・思春期・若者のアセスメントまで，多彩なケースをもとに，「ティーチング・ポイント」で経験知を補足しながら，クライアントの人生をポジティブに変える「協働的／治療的アセスメント」の方法と実践を解説する。　　定価4,950円

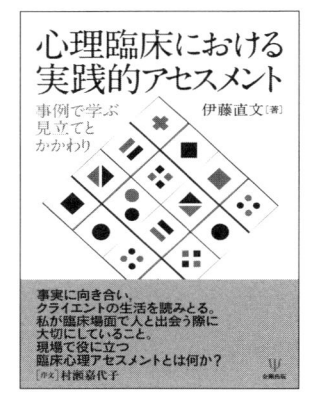

心理臨床における実践的アセスメント
事例で学ぶ見立てとかかわり

［著］伊藤直文

本書では，臨床アセスメントの多層的な構造を解説し，現場での活用の仕方を説く。クライエントに寄り添う著者のアプローチはきわめて現実的である。豊かな経験に裏打ちされた詳細な事例を多く収録。少年非行，家族紛争に関わる家裁調査官の経験と外来心理相談室での幅広いカウンセリング経験から，家族関係の見立て，事実に基づくアセスメント，セラピストークライエント関係の評価など，実際ケースの局面で心理臨床家が何を考え，判断しているのかをわかりやすく述べる。初学者から中級者まで心の対人支援に携わる人々のための臨床アセスメント入門。　　定価3,080円

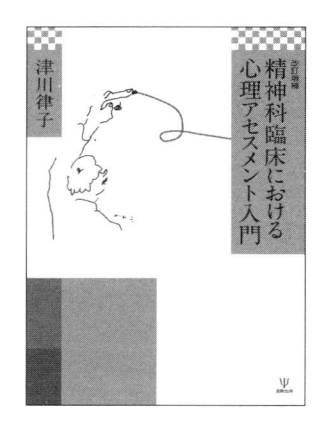

［改訂増補］精神科臨床における心理アセスメント入門

［著］津川律子

臨床経験5年以内のビギナー臨床心理士を読者対象とし，「6つの視点」から心理アセスメントを著者の軽やかな語り口で解説。本書は単なるチェックリストではなく，クライエントとセラピストの間に築かれる立体的な心理アセスメントを論じており，これまでになかった心理アセスメントの必携書となる。特別対談「アセスメントからケース・フォーミュレーションへ」を新たに収録，データも最新のものを加えた改訂増補版。　　定価3,080円

価格は10%税込です。

好評既刊

Ψ 金剛出版　〒112-0005　東京都文京区水道1-5-16　Tel. 03-3815-6661　Fax. 03-3818-6848
e-mail eigyo@kongoshuppan.co.jp　URL https://www.kongoshuppan.co.jp/

スコアリング・ロールシャッハ
7つの尺度
[著]ロバート・F・ボーンスタイン　ジョセフ・M・マスリング
[監訳]溝口純二　北原裕一

ロールシャッハ法の長所と限界を巡る多くの議論の中で，包括システム(CS)はしばしばロールシャッハ法そのもののように論じられ，CS以外のスコアリング法はあまり語られなくなってしまった。本書は，CS以外のさまざまなスコアリング法と解釈に焦点を当て，充分な妥当性のある研究を示し，ロールシャッハ法の研究は批評されているよりも広汎なものであることを示す。臨床家や研究者はこの一冊を読むことで，7つのアプローチに触れ，研究と実践のさらなる発展に役立てることができる。　定価4,950円

臨床現場で活かす！
よくわかるMMPIハンドブック 臨床編
[編]野呂浩史　荒川和歌子　[監修]日本臨床MMPI研究会

クライエントのパーソナリティを高解像度で解き明かすMMPI（Minnesota Multiphasic Personality Inventory：ミネソタ多面人格目録）の臨床応用を，「症例検討会」「症例呈示編」という2つの角度から徹底検証する。
MMPIの始め方から，基礎尺度・追加尺度の基礎知識，解釈法，ケーススタディまで，臨床心理アセスメント初学者はもちろん，アセスメントスキルをブラッシュアップしたいベテラン心理職，チーム医療を志す医師・コメディカルスタッフにもよくわかる実践本位テクニカルガイド！　定価4,180円

臨床現場で活かす！
よくわかるMMPIハンドブック 基礎編
[監修]日本臨床MMPI研究会
[編集]野呂浩史　荒川和歌子　井手正吾

クライエントのパーソナリティを高解像度で解き明かすMMPIの基礎知識・施行法・臨床応用を全4章でわかりやすく解説。MMPIの始め方から，基礎尺度・追加尺度の基礎知識，解釈法，ケーススタディ，さらにMMPI試行の全体像をマッピングした付録「樹形図」まで，臨床心理アセスメント初学者はもちろん，アセスメントスキルをブラッシュアップしたいベテラン心理職，チーム医療を志す医師・コメディカルスタッフにもよくわかる実践本位テクニカルガイド！　定価3,740円

価格は10％税込です。

好評既刊

ψ 金剛出版 〒112-0005 東京都文京区水道1-5-16　Tel. 03-3815-6661　Fax. 03-3818-6848
e-mail eigyo@kongoshuppan.co.jp　URL https://www.kongoshuppan.co.jp/

認知症ケアのための心理アセスメントと心理支援
高齢者の心理臨床ハンドブック
［編著］小海宏之　若松直樹　川西智也

本書は高齢者の心理臨床の標準的な手引きとして，心理臨床の中核を「心理アセスメント」「心理社会的介入（リハビリテーション）」「家族・コミュニティ支援」の三本柱に置き，それぞれ，身体の状態や認知症などの精神症状の評価，認知症の行動・心理症状（BPSD）の予防や改善のための介入法，認知症者を支える家族などの介護者や地域で生活をともにする人への支援について現状に即して述べられた実践ハンドブック。　　　　　定価4,180円

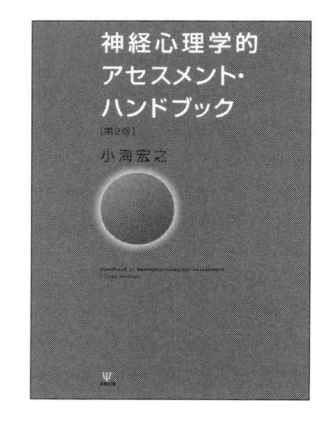

神経心理学的アセスメント・ハンドブック［第2版］
［著］小海宏之

臨床現場でよく使用される神経心理学的アセスメントの概論および高次脳機能との関連も含めた総合的な神経心理学的アセスメントの解釈法について症例を交えて解説。第2版では，新たに開発された神経心理検査や日本語版として標準化された最新の検査も紹介している。神経心理学的アセスメントに関わる医師，公認心理師，臨床心理士，作業療法士，言語聴覚士，看護師など専門職の方々だけでなく，神経心理学的アセスメントを学ぶ学生や大学院生に向けたハンドブック。　　　　　定価4,620円

面接技術としての心理アセスメント
臨床実践の根幹として
［著］津川律子

心理アセスメントは，すべての心理支援の根底に存在する心理職のスキルの中心である。そして，面接力の向上のためには，面接を根幹から支える心理アセスメント力の向上が必要である。本書において著者は，多くの事例を交えながら，初回面接における見立て，トリアージ（優先順位）等，心理アセスメントにおける重要な視点を明らかにし，仮説と修正のプロセスを丹念に追うことにより，臨床実践のコツを語る。サイコセラピーを行うことの意味を再認し，心理臨床技術全般の能力を向上させることができるであろう。すべての心理職のための基本書。　　　　　定価3,300円

価格は10%税込です。